河出文庫

おいしいひとり温泉は
やめられない

山崎まゆみ

河出書房新社

まえがき

温泉地で目覚める朝は、いつも爽快だ。

この日も、心身共にすっきりとしていた。

入浴は体力を使う。その疲れも手伝って、コトンと眠りに落ちる。まして寝る前に温泉に入って身体の隅々まであったまれば、深い睡眠が得られる。

眩しい光がカーテンから漏れる。そのカーテンを開けると、くっきりとした青空に山の稜線が浮かんでいた。

あぁ……、外の空気が吸いたい。

コートを羽織って外に出ると、吐く息が白く、キーンと張り詰めた空気で頬がヒンヤリとした。

胸いっぱいに空気を吸い込む。

「う～、おいしい」

少し、歩きはじめた。

温泉街のいたるところにある水路から、水が流れる音が聞こえてきた。

「さらさらっ」と、その清冽な音色は心の垢を流してくれた。

外湯（共同湯）を見つけた。朝湯に入ろう。

洋服を脱いで、「どっぽ～ん」。

「ひゃぁ、熱い！」と思わず声が漏れる。全身がピリピリする。

高温のお湯で目がぱっちりと開いた。心と身体を目覚めさせてくれた。

今日も、私は元気だ。

２０２４年の晩秋、長野県野沢温泉での朝――。

とある仕事で、野沢温泉が掲げるサステナブルな体験について、７名ほどでグループディスカッションを行った。

参加者の中には20代の女性が３人いて、そのうちの２名は拙著『ひとり温泉　おいしいごはん』（河出文庫）を読んでおり、「20室以内の宿がいいんですよね」と、はにかみながら話しかけてくれた。タイトなスケジュールの仕事ながらも、隙間でひとり時間を愉しもうとしている様子を見受け、拙著に共感してくれた姿を目にして、心からの「ありがとう」を彼女たちに伝えた。

今回の仕事の目的は、野沢村に滞在して入浴し、野沢産の食事を摂り、そして仕事に励むという旅行商品が販売に足るかどうかを検討することだった。

「野沢温泉はひとりでいるのに、ひとりじゃない。地元の人たちとの交流が楽しくて、私は人見知りなのに、たくさんお喋りしました」

「よく眠れた〜」

「朝食で食べたきのこはしっかりと味がして、その味の強さにびっくりして目が覚めた。ぜひ山菜の時期にまた来て、自分で山菜を採って自分で調理したら、おいしいだろうな……」

約20時間滞在した彼女たちの言葉はキラキラして説得力があった。取り繕った言葉ではなく、心底感じたことを口にしていて、私は全ての言葉に大きく頷いた。

普段の彼女たちは日々の出来事に忙殺され、感覚が閉じてしまっているのかも。

私は心の中で呟いた。

「目覚めよ、乙女の本能！　ホンモノの温泉で己を覚醒させるのだ！」

感覚を研ぎ澄まして欲しい。本来、人間が備わった五感を眠らせておくのはもったいない。

本書を手に取ってくださる読者像を、少しだけ摑めた気がして、伝えたい言葉が溢れ出した。

現代はストレスの嵐である。

誰だって、ひずみを抱えているし、悩みのない人なんていないない。

だから、どうか温泉を頼って欲しい。

温泉は動物的本能を覚醒させてくれる。

特に「ひとり温泉」は内省するには最高の旅のスタイルであり、ホンモノの温泉で、自身の本来備わっている力を呼び戻すことができるから。

これが世にいう「整う」だ。

いま「整う」とはサウナ利用者に愛されている言葉だが、そもそも日本人は温泉で心身を整えてきた歴史がある。

1300年前の日本人の生活史を綴った風土記には、温泉を活用して日本人が豊かに暮らした史実が残されている。

本書は温泉の癒しに加え、力を与えてくれる温泉と食をテーマにひとり旅を綴ってみたい。

すなわち本能を覚醒させる温泉と食の体験記である。

目次

まえがき　003

第1章　ひとり温泉の「旅のノウハウ」

『ひとり温泉　おいしいごはん』の読者のみなさんのニーズは「すぐに行きたい」と「いつか行きたい」だった　16
「今週末、どこ行く？」　18
平日はひとり温泉の天国　20
それでも繁忙期を狙いたいなら　20
「絶対外さない宿選び」　21
「絶対外さない宿選び」のコツ　22
その1　「素泊まり」「イチアサ（一朝）」「安価」で探してみる　22
その2　週末や繁忙期に空いている「シングルルーム」を探してみる　24
山崎まゆみ太鼓判！　通年、いつも大歓迎の宿25　27

「ひとり温泉」に持参したいオススメ本　30
目的地の期待高まる〝紀行文〟 30／短い文章でまとめられた日記 32／追体験したい作品やアンソロジー 32／宿では、ぜひ抜群に面白い長編を 33／温泉本 34
「ひとり温泉」の音　35
「ひとり温泉」の匂い　38
ひとり温泉で近い将来の「親孝行温泉」の下見をする　39
Column 温泉をぱくっ　45

第2章　ひとり温泉で「おいしい朝ごはん」

私の理想の朝ごはん「極上の逸品とおいしい白米」　48
ビュッフェの取り方
密かな名物を見付けるために、必ずスタッフにイチ押しを訊こう　52
記憶に残る朝ごはんの〝あの一品〟　55
山形県かみのやま温泉「古窯《こよう》」の「フレンチトースト」 55／兵庫県有馬温泉「Pao De Beau（パン・ド・ボウ）」の「焼き立てパン」 56／北海道江差温泉「旅庭群来《くき》」

の「卵かけご飯」57／長崎県壱岐の湯ノ本温泉「平山旅館」の「採れたて野菜」58／山形県湯田川温泉「九兵衛旅館」の「小松菜ジュース」59／秋田県夏瀬温泉「都わすれ」の「とんぶり添え納豆」&新潟県栃尾又温泉「自在館」の「湯治納豆」61／長野県蓼科親湯温泉の「寒天」61／福島県会津東山温泉「向瀧」の「進駐軍珈琲」63

Column ローカルフードをぱくぱくっ 64

第3章 ひとり温泉で「おいしいお土産」

地域を語る「おいしいお土産」70

温泉まんじゅう発祥の地 群馬県伊香保温泉の「湯乃花まんじゅう」71／さらにおいしくさせるロケーションの妙！ 大分県明礬《みょうばん》温泉「岡本屋」の「地獄蒸しプリン」72／ジャケ買いしてしまう 兵庫県有馬温泉の「炭酸せんべい」73／父を想う息子の思いやりの味 宮城県鎌先温泉・峩々《がが》温泉の「白石温麺」74／ご当地カレー・山形県米沢市「黄木」の「米沢牛ビーフカレー」75・宮崎県宮崎空港で購入できる「ガンジスカレー」76／清涼感が恋しくなる…… 新潟県越後湯沢温泉の「ハッカ」76／秋田の温泉を思い出す「いぶりがっこ」77／白米のお供に最高！ 山形県米沢八湯の「あけがらし」78／アイディア商品 宮城県鎌先温泉の「電球はちみつ」78／「採れたて」がおいしい！・山梨県石和《いさわ》温泉の「シャインマスカット」79・静岡県湯ヶ島温泉の

「わさび」 80
Column 素材をぱくぱくぱくっ 83

第4章 ひとり温泉で「温泉を知る」

別府温泉で知った「奇跡の回復」 88
野沢温泉で知った「人にもたらす温泉の力」 92
地元の人に怒られる 93
外国人観光客と一緒にアチ――!!のお湯へ 96
温泉と共に生きる、豊かな野沢温泉村 99
名湯湧く地に、名水あり! 101
十勝岳温泉で知った「活火山よ、ありがとう。湯守に感謝」 103
十勝岳と十勝岳温泉のいい関係 108
Column 名物料理をぱくぱくぱくぱくっ 111

第5章　「おいしいひとり温泉」を求めて日本と世界を歩く

太陽の恵みを受ける宮崎で
冷や汁とスナックを楽しむ（宮崎県・青島温泉）　114
みかん狩りできる北限　文豪も愛した湯河原温泉（神奈川県・湯河原温泉）　118
名旅館と灯り効果のご馳走（神奈川県・箱根強羅温泉）　122
高松、珍道中あれこれ（香川県・高松温泉）　126
「寅さん」と締まったボディーの鯉のあらい（佐賀県・古湯温泉）　130
寒ブリ、海鮮漬丼、鍋焼きうどん……
富山県氷見で食い倒れ（富山県・氷見温泉）　134
磐越西線で「海苔のりべん」を食べる（福島県・岳温泉）　138
真っ白いソファーに横たわる角煮（長崎県・稲佐山温泉）　142
江戸の料理を再現した「江戸三昧コース」に舌つづみ（栃木県・鬼怒川温泉）　146
江戸時代の温泉ルポと湯治旅グルメ（江戸時代の温泉事情）　150
胃に染みわたる加賀棒茶（石川県・山代温泉）　154
異能の人を輩出する庄内地方湯田川温泉（山形県・湯田川温泉）　158
ポルトガル悶絶の旅①（ポルトガル・ポルト）　162

ポルトガル悶絶の旅②（ポルトガル・ルゾ） 166
ポルトガル悶絶の旅③（ポルトガル・カルダス・ダ・ライーニャ） 170
桜島大根と桜島小みかん（鹿児島県・鹿児島温泉） 174
心から寛げる宿　福岡県原鶴温泉「六峰舘」（福岡県・原鶴温泉） 178
日本初の水素調理器を導入した名旅館（神奈川県・箱根強羅温泉） 182
那須温泉の凄い宿　宿は人なり（栃木県・那須温泉） 186
新潟県月岡温泉に湧く　エメラルドグリーンの湯（新潟県・月岡温泉） 190
ギネス最古の宿と「どんぐり蕎麦」（山梨県・西山温泉） 194
孝謙天皇ゆかりの温泉で「早川ジビエ」を堪能！（山梨県・奈良田温泉） 198
こよなく愛する　由布院「ＳＴＡＹ玉の湯」（大分県・由布院温泉） 202
「男はつらいよ」のロケ地で食した「揖保乃糸《いぼのいと》」（兵庫県・たつの市） 206
バリアフリーの「親孝行温泉」（兵庫県・赤穂温泉） 210
岡山のソウルフード「たくあんサラダロール」（岡山県・湯郷温泉） 214

あとがき 218

おいしいひとり温泉はやめられない

第1章　ひとり温泉の「旅のノウハウ」

『ひとり温泉　おいしいごはん』の読者のみなさんのニーズは「すぐに行きたい」と「いつか行きたい」だった

小さめのバッグかリュックをひとつ。中には文庫2冊と着替えの下着に使い切りのスキンケア類、手ぬぐいなど。お土産を購入する予定の時は、キャスター付きの旅行かばんを使うことも。

足元はスニーカー。洋服は季節問わずにワンピース。外湯巡りをするから、服の脱ぎ着がしやすいため。

まるで都内の散策と同じようなスタイルで、私はひとり温泉の旅に出る。

家を出た時には、身体が重たく、引きずるように歩いている。

そもそもひとり温泉に出たくなるのは、心身共に何かを抱えていて、その抱えたものを下ろしたくてたまらなくなる時だ。

電車か飛行機か、はてはバスか、乗り物に乗った瞬間に、「何もしないぞ」「いや、好きなことだけをするぞ」「自分を解放するぞ」と、呪文のように唱える（だから自分で車を運転していくのは、私はあまりおすすめしない）。

すると、心が軽快なステップで踊り始める。

この旅の最初の温泉に入ると、「うぅ〜〜〜」と、両手を大きく上げて、思いっきり身体を伸ばす。

「ふ〜〜〜」、力が抜けていく……。

これよ、これ。求めていたのは。

思わず、鼻歌が洩《も》れる。

ひとり温泉の場合、温泉地や宿の閑散期を狙うため、浴場を独り占めしやすいから、身体を大きく伸ばしても、歌を歌っても、その声が浴場の音響効果で大音量で響こうが、誰にもとがめられない。

自由である。


2024年9月に発売した『ひとり温泉　おいしいごはん』から、半年あまりで本書を刊行した。その間にいただいた声の数々――。

「山崎さんのような旅が憧れ」

「書かれてある順に、そのまま旅をしてみたい」

「山崎さんが泊まった宿に予約した」

「おいしい匂いが漂いそうで、本に鼻を近づけた」

実にありがたいご感想である。そんな読者のみなさんに、私はもっと伝えたいことがあるのだ。その気持ちが大きな波となって押し寄せて、一気に書き上げた。

それが本書『おいしいひとり温泉はやめられない』である。

読者の声に耳を傾けると、「本を持って、すぐにでも行きたい！」と「いつか行きたいから、本棚に入れておく」という2つのご感想に分かれた。そこを留意し、まずは「すぐにでも行きたい」読者に向けた、実践的な話をしよう。

「今週末、どこ行く？」

人気温泉地の宿に、ふと思い立って週末に予約しようとしても、軒並み満室だ。よく知られた宿なら、なおのこと。これはインバウンド需要拡大の影響も大きい。

加えて繁忙期には宿泊価格も上がっている状況も否《いな》めない。

だから発想の逆転だ。

その地にとっての繁忙期を避け、閑散期を狙うのである。

そもそもひとり温泉で静かに過ごしたいなら、混雑状況は避けたい。

繁忙期を迎えた温泉地の週末は、決して、ひとり温泉で行ってはいけない危険地帯である。家族連れで賑わう喧噪の中で、「ぽつん」と、ひとりでいるのはいたたまれない。心身共に解放するはずが、心が閉じて固まってしまう。

私がひとり温泉に求める条件「宿では静かに過ごしたいが、外湯巡りや買い物などでは、その土地の人とも触れ合ってみたい。一言二言でいいから、土地の人と会話をしたい」を満たすとなると、その地域の閑散期しかない。

閑散期なら、週末でも比較的温泉地も宿も静かで、入浴中も浴場を独占できる可能性が高い。

もうひとつ心苦しい点ではあるが、繁忙期の週末は、ひとり客では予約しにくいのも確かだ。

前著『ひとり温泉　おいしいごはん』で、「ひとり温泉は市民権を得た」と記述した。

それは事実ではあるが、宿泊業における人材不足などのさまざまな要因から、全ての宿が季節問わずに、ひとり客大歓迎というまでには至っていない。

よって、私が選ぶ「いつでも、ひとり温泉大歓迎の宿」25軒を後ほど発表しよう。

平日はひとり温泉の天国

桜や紅葉見物で知られる温泉地で、旬の風景を愉しみたいのなら、やはり平日がおすすめだ。

平日なら、大混雑は避けられるし、宿も取りやすい。何より宿泊料金も、週末と比べたら抑えられている。

ただ近年、火曜日や水曜日は休館にする宿も多いから、休みを取る時には気をつけていただきたい。

それでも繁忙期を狙いたいなら

そうは言っても、春の大型連休、お盆や年末年始など、やはりこの時期にしか休みを取れない人も多いだろう。

こういう時は、決まって人気旅館の予約は取れない。ただ一点、チャンスがあるとすれば、キャンセルが出た時だ。

私は好きな宿のSNSをフォローしているが、突然「明日、キャンセル出ました」「12月31日、2部屋空きがあります」と流れてくることが意外に多い。それも繁忙期だからこそ、かえってキャンセルや空きが生じるのだ。

これを「ふらりと、ひとり温泉を愉しんできなさい」という神様からのプレゼントと捉えて、スケジュールをやりくりして出かけてもいい。

こうした現状をお伝えした上で、「絶対外さない宿選び」のコツを綴っていこう。

「絶対外さない宿選び」

前著『ひとり温泉　おいしいごはん』は、タイトル通り、温泉と食を記した私のひとり旅の体験記であり、エッセイ集として上梓したが、本から行きたい宿リストを作成してくれているようで、なんと案内本として利用する読者が多かった。想定外ではあったが、追体験をしたいと思ってもらえたのは著者冥利に尽きる。

やはり読者のみなさんは宿選びに頭を悩ませているようなので、私なりの「ひとり温泉で絶対外さない宿選び」のコツを紹介しよう。

前述した通り、宿側の諸事情により、ひとり客歓迎の時期とお断りの時期がある。また1泊2食付きの従来のスタイルの宿や、由緒正しき旅館は通年、ひとり客を受け入れていないことが多い。

日本の文化である温泉旅館を体験したくとも、ひとり温泉お断りの時期は、こんな基準で宿を選んで欲しい。

「絶対外さない宿選び」のコツ

その1　「素泊まり」「イチアサ（一朝）」「安価」で探してみる
ポイントは「素泊まり」「イチアサ（一朝・1泊朝食付き）」「安価」だ。

例えば、大分県別府温泉「野上本館」はお手頃な素泊まりの宿で、別府に2泊以上滞在する場合、私はここを拠点とすることが多い。

まず別府駅まで歩いていける距離という利便性のよい立地。拠点とするには好条件。

北浜エリアという繁華街の一角にあるから、近隣に食事処が多い。別府名物の「竹瓦温泉」にも歩いて3分と行きやすい、町中の温泉宿なのである。

こんな町中にありながら、圧倒的な湧出量を誇る源泉を保有し、無料の貸切風呂が2つある。大浴場はタイルで鶴を描いた壁面が美しい。温泉を愉しむにも申し分ない環境なのが「野上本館」だ。

加えて、ひとり客専用の客室がある。ベッドと机といすが収まっているやや手狭な部屋だが、ドアを開けると、目の前はパブリックスペースだ。

そのパブリックスペースは、外からの光が入り、壁は明るい色彩。広くて、本棚もある。電源も取れて、パソコンを広げるには好都合。

「野上本館」に泊まる時は、歩いてすぐの鮮魚を食べさせてくれるお店に行く。女性ひとりでカウンターにいても、違和感がない。豊後水道のお魚に、お酒をあわせれば、別府ライフがパラダイスに。

希望すれば、朝ごはんを付けられるのもいい。

私が素泊まりの宿を利用する時、2泊する場合は、1晩は近隣で外食し、もう1晩は近隣のスーパーか百貨店に行き、見たことのないような食材や惣菜の地のモノを購入し、宿のパブリックスペースか部屋でいただくようにしている。地元のスーパーの散策は実に愉快だ。

あれは鹿児島県のとある宿に泊まった晩のこと。目の前のスーパーで活《い》きのいいはまちの刺身を480円で購入した。「錦江湾で獲れた」という表示を見て手にしたが、舌を跳ね返す弾力は新鮮さを物語る。またこの日は海鮮太巻きも一緒に買った。具の海鮮のおいしいこと！　錦江湾に向かって手を合わせたものだ。
デザートに白熊アイスも忘れずに買い求め、鹿児島の晩をひとり愉しんだ。
旅館の豪勢な夕食も好むが、こういうシンプルな食事も、また旅の醍醐味である。
野上本館のように素泊まり、あるいはイチアサ（一朝）の宿泊スタイルの宿は、ひとり温泉にぴったりだったりする。

その2　週末や繁忙期に空いている「シングルルーム」を探してみる

地方都市に近い温泉地の宿は、ビジネス客用のシングルルームを有していることが多い。

ビジネスを目的としたお客さんが泊まる部屋なので、平日は満室になってしまうが、休前日や休日は比較的空いている。宿のオーナーは、繁忙期もこのシングルルームを埋めたいと考えているから、需要と供給が一致しやすい。

だから地方都市に近い温泉地の宿のシングルルームは狙い目だ。もし週末や繁忙期に突然、ひとり温泉を思い立っても、空いている可能性が高い。

2024年12月のクリスマス直前の土曜日、温泉地や宿が最も忙しいタイミングに、私は山形県天童温泉に向かった。馴染みの「ほほえみの宿　滝の湯」に宿泊すると、友人でもある山口敦史社長から「今日は満室で、シングルルームしか空いていません」と説明を受けたが、むしろ私は気が楽である。繁忙期に4名収容の部屋をひとりで利用するのは、忍びない。

シングルルームなら、そもそもひとり用なのだから、気後れしない。

山口社長がこう言った。

「おひとりで来られる方が増えましたね。特に女性が多いです。例えば、年末年始をうちのシングルルームで過ごされる方もいますし、うちはツインルームも合わせれば11部屋ありますから、繁忙期だろうが、週末だろうが、年末年始もおひとりでお越しいただけるのをお待ちしております。今年の年末年始も、まだ空いていますよ」

ちなみに、この日に私が使用したシングルルームは、8畳強で、ビジネスホテルのシングルルームよりひとまわり広いくらい。シングルベッド以外には、机にいす、ユニットバスに冷蔵庫と、簡易ながらも設備は整っていた。窓からは、雪化粧された天童温泉の町並みが見えた。

この日の夕食は、人で賑わう宿のダイニングは避け、「滝の湯」から歩いて3分の屋台村「と横丁」に出かけた。寿司、天ぷら、焼き鳥、串揚げ、欧州料理などが選べる屋台が8つ入る「と横丁」のほとんどはカウンター席があるため、ひとりで入りやすく、ひとり温泉の応援団である。

私が選んだ店はおばんざい屋「ござった」。カウンター越しに快活な女性スタッフが2人いて、女性がひとりで入っても心地良い。この晩は山形名物のだしをかけたお豆腐に、ゲソ天ぷらなどをいただいたが、芋煮もあるようだ。

翌日の朝食は、宿のビュッフェで。「滝の湯」が保有する農場で栽培された自慢の有機野菜をもりもり食べ、ピカピカのつや姫（山形のブランド米）に山形名物のだしをかければ、つるつるっと入っていく。

山口社長によれば「天童ホテル」にもシングルルームがあるという。

天童と言えば将棋の駒の生産量日本一。「滝の湯」には竜王戦が行われる「竜王の間」もある。将棋が好きなら、数々の名勝負が繰り広げられた「滝の湯」も、ロビーに棋士のサインが並ぶ「天童ホテル」も両方泊まりたくなるだろう。

ちなみに「滝の湯」も「天童ホテル」も当然のことながら、繁忙期には宿泊客が多い。静けさを求める場合、私のように夕食は外で摂ったりと、滞在時間を工夫してみよう。例えば、他の宿泊客の夕食時間ならば、大浴場は混まないので、そこを狙って入浴を愉しむのだ。

ビジネス使用のシングルルームがある温泉地は、都市型であることが多く、秘湯の一軒宿と比べると、外食がしやすいことも利点である。

それではシーズン問わずに、いつ行ってもひとり温泉歓迎の宿を挙げてみよう。河出文庫の既刊2冊、『温泉ごはん』と『ひとり温泉　おいしいごはん』で取り上げた宿も含まれているため、既刊本もあわせて読んでいただけたら嬉しい。

山崎まゆみ太鼓判！　通年、いつも大歓迎の宿25

・北海道養老牛温泉「湯宿だいいち」
野趣溢れる露天風呂はド迫力。2食付き。シングルルーム有。

・秋田県　新玉川温泉
洗練されたデザインの湯治の宿。2食付き。シングルルーム有。

・宮城県松島温泉「松島センチュリーホテル」
松島を一望できる絶景の宿。2食付きか朝食付きか素泊まりかを選べる。

・山形県天童温泉「滝の湯」
2食付きか素泊まりかを選べる。シングルとツイン有（11部屋）。
・山形県白布温泉「西屋」
豪快な湯滝と米沢牛すき焼きが名物。2食付き。シングルルーム有（5部屋）。
・山形県湯田川温泉「九兵衛旅館」
藤沢周平ゆかりの名旅館。ゆかりの部屋も宿泊可能。金魚を眺める浴場は珍しい。
・福島県会津東山温泉「向瀧」
お庭も建物も見事！　登録有形文化財の格式ある旅館。2食付き。
・福島県土湯温泉「ＹＵＭＯＲＩ」
居心地のいいラウンジが魅力。素泊まり。一般客室とドミトリーも有。
・新潟県栃尾又温泉「自在館」
ぬる湯の名湯！（私のルーツの宿）2食付き。シングルルームはリノベしたばかり。
・新潟県「貝掛温泉」
目に効く名湯！　コシヒカリと地酒が推し。2食付き。
・群馬県草津温泉「湯畑草庵」「源泉一乃湯」「湯川テラス」

どの宿も湯畑近くで散策に便利。1泊朝食付き「イチアサ」の宿。

・群馬県草津温泉「奈良屋」
襟を正して泊まりたい老舗の名旅館。2食付き。シングルルーム有。

・群馬県伊香保温泉「ぴのん」
女性のひとり旅を意識した洋風でカジュアルな宿。貸切風呂も多数。

・群馬県伊香保温泉「松本楼」
パンがおいしくスタッフがとにかく親切！　2食付き。シングルルーム有（5部屋）。

・岐阜県新穂高温泉「野の花山荘」
滞在型の宿。広い貸切露天風呂がおすすめ。2食付き。

・兵庫県城崎温泉「三木屋」
志賀直哉ゆかりの宿。ゆかりの部屋も利用可能。シングルルーム有。

・兵庫県有馬温泉「小宿有楽」素泊まり（「松林亭」「駿河亭」）
「金の湯」近くの素泊まりの宿。温泉と朝食付きプランならおいしいパンがいただける。

・長崎県湯ノ本温泉「平山旅館」

鮮魚、生野菜が美味。明るい女将が待っている。2食付き。

・大分県別府温泉「野上本館」
別府駅に近く、散策に便利。素泊まり。希望すれば朝食が付く。

・宮崎県「フェニックス・シーガイア・リゾート（宮崎シーガイア）」
南国リゾートを感じる温泉ホテル。濃い温泉も魅力。

・鹿児島県妙見温泉「田島本館」
宿泊者しか入浴できないお風呂もある。素泊まりか2食付きかを選べる。

「ひとり温泉」に持参したいオススメ本

目的地の期待高まる〝紀行文〟

ひとり温泉でよく持参する本は、目的地への好奇心を高めるための本と気軽に読める本と抜群に面白い長編小説だろうか。これらの中から、その日の気分で決める。

行きすがら読むのは、たいがい目的地への好奇心を募らせる本。

私は、その土地の現在と過去を重ね合わせて、それまでの変遷を想像するのを好むため、司馬遼太郎の『街道をゆく』シリーズ（朝日文庫）を鞄に入れることが多い。

例えば、私のふるさとの新潟を綴った「潟のみちをゆく」編では、新潟市の米作りの歴史を描いている。阿賀野川と信濃川に挟まれた洲の地形で、標高は海水面より１メートルも低いたまり湛水地帯に、かつて農民は胸まで水につかりながら、苗を植え、水底からすくった泥を田んぼに入れて灌漑に用いていた。

今、ビルの高層階から新潟市内や、信濃川が日本海に流れ出る光景を眺めると、その光景に至るまでの、「潟のみち」に描かれた先人たちの苦労と努力が胸に迫ってくる。

同様に「佐渡のみちをゆく」編も、流人の島だった時期や金山が採掘された背景などが書かれており、複雑な歴史を持つ佐渡を旅する前には一読する。すると見える風景が全く違ってくる。２０２４年に世界遺産に登録されたことを記念して、本を片手に佐渡の温泉を目指して欲しい。

ご存じのように、司馬遼太郎は自身が日本各地をくまなく訪ね歩き、膨大な見聞を綴った作家である。各地固有の歴史が描かれているが、純粋に紀行本としても実に読み応えがある。

短い文章でまとめられた日記

温泉地到着までかなり時間がかかる場合は、ある程度分厚い本も読めるが、つい本の世界に入り過ぎて、何度も乗り過ごす失敗をした。ローカル線のホームで、次の列車を45分待ったり、バスの終点まで行ってしまい、戻りのバスを待った苦い時もあったなぁ。

むしろ日記くらいの気軽に読める感じが、道中には合っているのだ。

日記モノでお気に入りは『池波正太郎の銀座日記』（新潮文庫）。食通の池波正太郎の日記にふさわしく、おいしいモノがたんと出てくる。

とある作家の長編小説とあわせて、その作家の日記風に綴った随筆を読んだことがある。行きのフライトで日記を読み、旅先で小説を読んだ。この小説はこんな風に紡ぎ出されたのか、とのめりこんでしまった。

追体験したい作品やアンソロジー

食をテーマとした作品が話題の原田ひ香さんの代表作と言えば『ランチ酒』（祥伝社文庫）。短編連作で、主人公が食べた各地のおいしいモノが必ず出てくる。読めば、食べたくなりますよ、そりゃ。

もっとお腹が減ってくる短編集がある。河出文庫の「おいしい文藝」シリーズだ。人気作家が綴る食をテーマとしたアンソロジー。『ぱっちり、朝ごはん』『こぽこぽ、珈琲』『こんがり、パン』『ぐつぐつ、お鍋』などの、柔らかい印象のカバーイラストとおいしそうな擬音一言で表現するタイトルに惹かれて、すっかり私の愛読書に。『ぱっちり、朝ごはん』は、小林聡美さんの「ヒロの朝ごはん」編から始まり、匂い漂うパンケーキが登場する。読んでいると小林聡美さんの穏やかな声が聞こえてくる。まったりとしたひとり温泉の空気と小林聡美さんの声が、これまたよくあうのだ。私の好きな森下典子さんの「漆黒の伝統」編もおすすめ。白米が炊かれる描写から添えるおかずの味の表現に唸る。

宿では、ぜひ抜群に面白い長編を

誰にも邪魔されず、作品世界に没頭する多幸感も、ぜひ。

以前、東野圭吾『容疑者Xの献身』（文春文庫）を宿で読みふけり、これが失敗だった。あまりに没入しすぎて、宿で感じたこと、食べたごはん、温泉の感触など、ほとんど記憶に残らない程、意識を持っていかれてしまった。記憶にあるのは、読み終えた時に目に入った客室の光景だけ。

が、それがとても充実した時間であったことは間違いない。

次回の旅には池井戸潤『半沢直樹1　オレたちバブル入行組』（講談社文庫）でも持っていこうかと考えている。言わずと知れた大ヒットドラマの原作小説だが、とあるベストセラー作家が、「ドラマばかりが注目されがちだけど、原作本の方が面白い。小説の教科書のような、よくできた小説」と熱く語っていたから。

また全ての記憶を持っていかれる体験をしてみようかな。

温泉本

温泉が登場する秀逸な作品は枚挙にいとまがない。今回はさらりと触れるだけにしよう。

川端康成と言えば、『雪国』（新潮文庫）で知られるが、実は「温泉宿」という隠れた短編が私は好き。娼婦がお湯を浴びるシーンには色気が漂う。

著名な作家が温泉の光と影を表現しているが、光を描かせたらこの人、と推すのは山下清画伯だ。

山下清が日本各地を放浪した記録『日本ぶらりぶらり』（ちくま文庫）にはこう

記されている。

「女のお尻のよくみえるのも温泉ですが、ぼくの絵はこのごろやっと色気がでてきたといわれますが、それは日本中の温泉で女の人の乳やお尻をたくさんみたからでしょうか」

くすっと笑ってしまう。

現代のハラスメントの観点からすれば、褒められた内容ではないが、ただ温泉とは、こうした鷹揚さがある素晴らしい世界なのである。

なおしっかりとした取材を基《もと》に描かれているのだろうなと感じ、新刊を待ちわびるのは、漫画家・吉田秋生さんの最新作『詩歌川百景』（小学館）。山峡の温泉地での濃密な人間ドラマが素晴らしい。現在、４巻まで刊行中。

温泉に浸かり、温泉を読むも、実に一興である。

「ひとり温泉」の音

ひとり温泉は音を身近に感じる時間だ。だから意識的に音に敏感になって欲しい。

まずお湯の音。

「ちゃぽん」「ぽちゃ」という、まあるいお湯の大合唱は心も耳も潤う。

入浴中は目をつむり、ひとり静かに温泉の音に聞き入って欲しい。

そして、空から降った雪や雨が地中に溜まり、火山か地熱で温められて、約50年もの時を経て、温泉が地上に湧き出るサイクルを想像すれば、雄大なロマンを感じる。

温泉地は水の郷であることも多く、歩いていると、湧き水が流れる音、マンホールから湯けむりをあげながら温泉が流れる音など、町中が水の音を奏でている。

清流沿いの宿ならば、滞在中に川の流れが聞こえてくる。

秘境の宿では、野鳥のさえずりや、森を吹き抜ける風の音。

吹雪の日は、揺り動かされるかと思う程の風の爆音がするし、雨の時には、雨音がうるさい程に響く。秘湯の宿なら、そうした自然の音が常に鳴っているし、もし木造の宿なら、木の音響効果で、それらの音がさらに活き活きと聞こえる。

一方で、町中の温泉宿は利便性はいいが、自然の音は届かない。

そんな時、よくかける曲がある。

上白石萌音さんの「ハッピーエンド」「なんでもないや」「懐かしい未来」などだ。

上白石萌音さんが透明感ある声で軽やかに歌う歌は、そっと寄り添ってくれる。

特に、すっきりと目覚めた朝は、上白石萌音さんの歌が聴きたくなる。楽曲の中で時折漏れる、彼女の明るい笑い声がとっても好き。

『ひとり温泉　おいしいごはん』を刊行してからというもの、女性がパーソナリティーを務めるラジオ番組にゲストとして呼ばれることが多くなった。彼女たちもよくひとり温泉に行っているからだった。たとえ家族がいても、時間を見つけては、ふらりとひとり温泉に出かけるそうだ。「ご褒美のような時間です」と、嬉々として私に語ってくれた。

「ひとり温泉」愛好者を目の前にした喜びと同時に、自分が穏やかな女性の語りに癒されていることに気づいた。密閉されたスタジオでの人の声は耳に心地が良かった。だから最近、ひとり温泉中は女性パーソナリティーのラジオ番組を聴くようにしている。

上白石萌音さんや女性パーソナリティーの声を聞く度に、身体という楽器から奏でる音が声なのだなと、つくづく思う。

「ひとり温泉」の匂い

音と同様、匂いにも敏感になるのがひとり温泉の効用だ。

まず温泉の匂いについて。

茹でたての卵の殻を剝いた時の匂いと言えば、「あの匂いか！」と実感する人も多いだろう。

そう、草津温泉や万座温泉など、火山性の温泉で漂うあの匂いである。

他に顕著な温泉の匂いと言えば、金気臭の鉄分豊富なお湯だろうか。

塩分濃度が高い温泉は、海のような匂いがするし、植物が堆積してできた黒湯はふんわりと土と緑と森があわさった匂いがする。

旅館にも、匂いがある。

文化財に指定された古式ゆかしい木造の宿からは、古めかしい匂いがする。

炭焼き料理を名物にしている宿ならばエントランスに入った瞬間に香ばしい。ふんだんに木材を使った旅館なら、木の匂いというより、清涼感がある。木が呼吸し、酸素を生み出してくれているのだ。外より新鮮な空気なのでは、と思うほどだ。

むせるような新芽の匂い、土が籠る山の匂い、湿った川の匂い、すっきりとした朝の匂い、暮れなずむ夕景の淋しい匂い、人がごったがえす町の喧噪の匂い、旅館の木の匂い、宿に漂うお香の匂い、女将が漂わせる着物の匂い、夕食前の空腹を刺激する匂い……、これらは、ひとりで旅をするから敏感になり、だから感じることができる匂いだ。

ひとり温泉で
近い将来の「親孝行温泉」の下見をする

ひとりで旅をしていると、意外とひとりきりではなく、思い出と共に過ごす時間が長いことに気づく。過去を思い返す機会にもなるのだ。

私は大切だった故人を思い出すことが多く、父と行った温泉地の近くを通るだけで、父との思い出が蘇り、胸の奥が痛くなる。

そして「お父さんと、もっとたくさん温泉に行っておけば良かったなぁ」と涙ぐむ。

人の命は限りある。だから行こうと思った時がチャンスなのだ。

そう切実に考えるのは、過去にこんな体験をしたからだ。

※　※　※

「おら、でっかい風呂に行く！」

「お父さん、気持ちはわかるけど、私が見ててあげられる貸切風呂にしてよ……。お風呂で転んだらどうするの、骨折でもしたら、今度は動けなくなるよ」

「いや！　おらはどうしても大浴場に行く。心配すんな」

と、父は声を荒らげた。

攻防戦の末、止める母と私を振り切り、父は男性の大浴場に向かった。

父は、手足が伸ばせる大浴場に入りたいのだ。

その気持ちは、わからないでもない。なんらかの事情で温泉やお風呂から遠ざかっていた人は、「大きな風呂に入りたい」と言うものだ。

ただ母と私では、男性用大浴場には付き添えない。


生前、父は半年ほど入院した。一気に筋肉が衰え、長い移動には車いすを利用するようになった。筋力以上に、気力が弱っていたのが目に見えてわかった。

「お父さん、治ったら温泉行こうね！」と語りかけ、リハビリを頑張ってもらった。

それでも簡単には生きる気力は戻らない。前を向くきっかけが必要だ。入院中の父に何か変化をつけよう。

そう思った私は、担当医師から外出許可をもらい、父を連れ出し、病院から車で40分ほどの温泉旅館の日帰りプランを利用する計画を立てた。

病院を出発する際に、半年間着ていた病院着から、外出するための洋服に着替えた。

旅館に入り、浴衣に着替える。

すると父の顔つきが、みるみる元気だった頃に戻っていった。

人は着ているもので、表情がこんなにも変化するものなのか。

目的の温泉宿には、バリアフリー対応の貸切風呂がある。私はそのお風呂を取材していて構造を知り尽くしていたし、父の身体の状態もよくわかっていたから、私が父の入浴介助をするつもりだった。

もちろんバリアフリー対応の貸切風呂を予約しておいた。

ところが、だ。

「おら、でっかい風呂に行く！」と、冒頭の攻防戦となったのだ。

父は杖をつきながら男性の大浴場に向かった。

私は男性大浴場に掲げられた暖簾の前で待つこと30分。

いっこうに出てくる様子はなく、心配になった私は宿の男性スタッフに事情を話し、男性の大浴場を見に行ってもらった。

「お父様、いい湯だそうです。『もう少ししたら出るから、待ってろ』とおっしゃっていました」と男性スタッフはにこやかだ。

その後も父は出てこず、45分を過ぎた頃に、父がようやく戻ってきた。

顔がぴかぴかに光り、お肌なんてつやつやだ。

「お父さん！　心配したよ！」

怒る私に、「いい湯だったも〜ん！」と、なんとも得意げな父。

「お父さん、杖は？」

「あ、忘れてきた」あっさり言った父は脱衣所に杖を取りに戻った。

温泉取材をしていて、よく宿のご主人から「ついてきた杖を忘れて帰るお客様が多い」と聞くが、こういうことだったのか。

「お父さん、温泉どうだった〜」

「こうやって両手、両足を広げて入った」と手足の指先まで広げ、満面の笑みで父はお風呂での様子を再現してくれた。その肌は、まるで生まれたばかりの赤ちゃんみたいだった。

晩年、頑固になりがちだった父も、こんなに素直な感情を顔に出すんだ。この時の父の表情は私の宝物になっている。

この経験から、高齢者が行きやすい温泉地や宿を、私は「親孝行温泉」と呼ぶようになった。

「親孝行温泉」を実現できるタイミングは自分で思っているほど多くはない。また、親が行きたいと思う以上に、子供が親に何かをしてあげたいと切望して計画するものである。

一方で、親は「子供たちに迷惑をかけたくない」という、自信のなさを言いわけにして、意外と及び腰になりやすい。

だから強引にでも計画し、実行するかどうかである。

ひとり温泉を受け入れる宿は、ホスピタリティーに溢れる宿であることも多く、もし「親孝行温泉」が気になるなら、宿にバリアフリールームがあるかどうかを確認し、可能なら見せてもらえばいい。こうした下見が計画につながり、実行へと至るのだ。

さらに情報のひとつとして知っておいて欲しい。

入浴介助サービスを受けるというのもひとつの手だ。足腰が弱ってきた親を安心して任せられる。各温泉地で取り組みが進んでいる中でも、神奈川県箱根温泉や長野県諏訪温泉、山形県天童温泉、兵庫県城崎温泉、佐賀県嬉野温泉、鹿児島県鹿児島市内の温泉や指宿温泉などは非常に熱心だ。

そう言えば、親の介護をテーマにしたドラマで『俺の家の話』（ＴＢＳ）があった。主人公にとって大切な家族写真を撮ったのは、介護中のお父さんを連れて行った福島県のスパリゾートハワイアンズだった。このドラマの脚本家の宮藤官九郎さんは私と同じ年。やはり「親孝行温泉」をしたくなる年代なのだろうか。

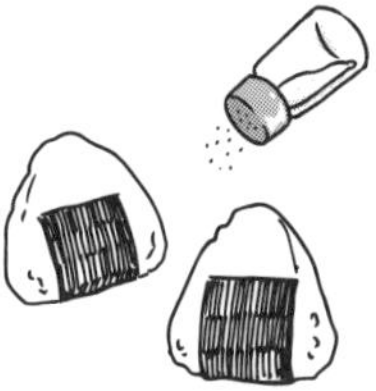

Column

温泉をぱくっ

温泉ラーメン

温泉はまずい。酸っぱい、苦い、辛いの三重苦。しかし数多《あまた》の湯を味見した中で妙味があった。新潟県越後長野温泉嵐渓荘の源泉はとろりとしていて、舌の両脇で旨みが広がる。昆布茶を思わせる塩っ気は、ナトリウム塩化物冷鉱泉のナトリウムと他のミネラルの絶妙な混ざり具合ゆえ。もちろん滋養もある。煮詰めると塩ができて、近くの定食屋ではこの塩を使った山塩ラーメンもいただける。

温泉粥

温泉粥を朝食に出す旅館は多いが、和歌山県湯の峰温泉「旅館あづまや」には理由がある。熊野へ詣でる前の「湯垢離場」として栄えてきた湯の峰温泉は、湯に浸かり旅の疲れをとり、温泉で作る粥を食べて身を清めるという習わしから。粥は卵色、塩っ気があり、噛み締めるとミネラルらしき香ばしさが広がる。洗浄作用の強い温泉はさっぱりとしていて、〝垢〟を落とすにはもってこい。

温泉珈琲

下部温泉源泉館の温泉ミネラルウォーター「信玄」を愛飲している。喉ごしのいい信玄をぐびぐびと喉を鳴らしながら飲むのが毎朝の習慣だ。ミネラルをバランスよく含んだ単純温泉は飲む野菜とも呼ばれており、料理に使えば素材の味を引き出す。だがその力を最も発揮するのはコーヒーを淹れる時。渋みと苦みが特徴のモカの才を見事に開花させる。

与板越乃塩

まず、塩の粒の大きさに驚く。これは新潟県長岡市与板町に湧く越乃湯源泉を平釜で濃縮し、湯煎して結晶させた温泉塩。海水よりもナトリウム濃度が高く、強塩冷鉱泉ゆえにできるものだ。塩っ気だけでなく、ふわっとした甘味さえ感じさせる。大粒の塩は、ステーキや焼いた秋刀魚など、脂っこい味によくあう。強い塩気とほのかな甘味は脂を中和してくれるのだ。もちろんミネラルも摂れる。

第2章　ひとり温泉で「おいしい朝ごはん」

ひとり温泉の朝は格別だ。その朝時間の中で、重要な位置を占める朝ごはんについて触れてみたい。

私の理想の朝ごはん「極上の逸品とおいしい白米」

朝、目覚めると、まず一杯の水を飲む。できればその土地の湧水をいただきたい。寒い季節は、白湯なら、なおのことよし。

喉を潤したら、外に出て、朝散歩。

朝日を浴びて、新鮮な空気を胸いっぱいに、身体中行きわたるくらいに吸い込む。

そして少しずつ息を吐く。

深呼吸を繰り返しながら、その日の気分次第で散歩は5分の日もあれば、30分の日もある。

それから朝湯に浸かる。

湯上がりは、決まってお腹が「ぐぅ〜っ」と鳴る。

さて、朝食だ。

まずはお櫃に入ったつややかなご飯を目で愉しむ。ふわっと匂い立つ甘い香りも味わう。

一口目は味噌汁、口を滑らかにして、少し塩気を残して、ご飯。おしんこで、もう一口ご飯。そして惣菜とご飯。この順で繰り返せば、朝から3杯はいけますね。

朝食後に部屋に戻って、チェックアウトまではごろごろしながら、持参した本を片手に、しばしの読書。そしてうたた寝。

これが私の至福の朝時間だ。

東京での日常では朝は苦手だ。だらだらと夜ふかしするからだが、旅先では温泉入浴による心地の良い疲れから、早く就寝し、よって目覚めがいい。

ただひとつだけ問題があるとすれば、夕食に贅沢な旅館料理をいただくから、寝起きでは、まだ少しお腹に残っていることもある。

だから朝散歩と朝湯は、朝ごはんをおいしくいただくための準備体操と考えている。

名付けて「朝湯治」である。

準備体操までして臨むのは、旅館の朝ごはんが最高の食事だからである。

炊き立てのご飯。味噌汁。焼き魚に納豆に海苔に卵に、小鉢に入った数々の惣菜。

実によくできたメニュー構成で、いかにも身体によく、申し分ない。私などは、自炊する時に旅館の朝ごはんをイメージして品を並べるし、旅館の朝ごはんを毎日食べていたら、どんなに健康だろうか。

ちなみに、私の理想の朝ごはんは、炊き立てのつやつやのご飯と旬の素材が入った味噌汁、古くからその土地で食べ継がれてきた惣菜一品。

これが極上の朝ごはん。

そう気づいた出来事がある。

近年、情報番組でホテルの朝ごはんがよく特集される。

いつから朝ごはんブームになったのだろうと考えると、私には心当たりがある。

わがふるさと新潟県の松之山温泉で「朝ごはんプロジェクト」を開始したのは2010年頃。「宿泊していただくのだから、極上の朝ごはんも愉しんで欲しい」という松之山温泉のみなさんのもてなしで、米どころの新潟らしく、極上のご飯に土地の惣菜一品を添える、というもの。

この「朝ごはんプロジェクト」が新潟県内の旅館に広がり、その後、全国の旅館でも展開された。一時期、日本各地の旅館で「朝ごはんプロジェクト」ののぼりをよく見た。こうした広がりによって、旅館と地域の生産者との繋がりが深まったとして、「にいがた朝ごはん」プロジェクト（新潟県旅館ホテル組合）は2014年に観光庁長官表彰された。

ブームの火付け役の松之山温泉「ちとせ」の朝ごはんは、やはり格別だった。松之山地区の棚田で栽培された棚田米に、地元で採れた夏野菜を使った一品「やたら」が付く。「やたら」とは糸うり、しその実、茄子、かぐら南蛮、みょうがなど旬の野菜を5種類以上、やたらに細かく刻んだ松之山地域の伝統野菜料理。

これを名付けて「やたら」。

刻んだ野菜に、大根の味噌漬けを混ぜ合わせるのが松之山流で、滋味深い味が野菜を包み込む。炊き立ての棚田米との相性は抜群で、「やたら」をたっぷりオン・ザ・ライスして、2杯目のお代わりをいただいた。

ちなみに越後湯沢温泉で出していた一品は金糸瓜の惣菜。糸かぼちゃとも呼ばれる金糸瓜は、見た目は黄色く瓜の形をし、中身は糸状になっていて、茹でると素麺のようになる。これをシンプルに醬油で炒めたものを食べた。素麺のように見えたから、柔らかい歯ごたえかと思って口にすると、コリッとシャキシャキ。食感が新鮮で、その日の帰りに駅の販売店で金糸瓜を購入して、自分へのお土産にした。

当時の朝ごはんと言えば、温泉卵に焼き魚、惣菜数種類が定番で、特色はなかったから、地のモノの一品は前日の夕食で出されたご馳走の記憶がぶっ飛ぶほどのインパクトがあった。地元の人が食べているものをいただけた幸せ。

だから私は、品数は少なくていい。極上の白米に地域の惣菜一品、おいしい味噌汁くらいが、心に残る朝ごはんとなる。

加えて、新鮮な果物か野菜のジュースがあれば、なおうれしい。

ビュッフェの取り方
密かな名物を見付けるために、必ずスタッフにイチ押しを訊こう

朝食がビュッフェの時は、食事の量を自分で調整できるため、「残さなくていい」という安堵の気持ちが芽生える。

私にとって、ビュッフェでの取る順番をご紹介したい。

まずは生野菜をてんこ盛り。海藻や豆類があれば、それらも含め、大皿に大盛りに。温かいスープがあれば、もちろん必ず。その次にヨーグルトとフルーツ。コー

ヒーはミルク入りで。さほどお腹が減っていなければ、このくらい。お腹に余裕があれば、卵料理も。ここまでは当たり前のビュッフェの取り方である。

しかし、ここで一言、申し上げたいことがある。

おしなべて均等に並べられたビュッフェに、隠れた目玉があることをご存じだろうか。

私は必ず、スタッフさんに「イチ押しはどれですか?」と訊ねる。

中国地方のある宿では「鶏肉を酢に漬け込んでから揚げた唐揚げ」だった。特に鶏が名産の地域ではなかったが、調理法に自信がある様子だった。なるほど、鶏のやわらかさは絶品で、驚いた。

「うちは、牛乳ですね!」と即答された時は、こんなにご馳走が並んでいるのにと、疑問を抱いたが、やはりその牛乳はクリーミーで濃厚で一番おいしかった。そう言えば、酪農に力を入れる地域は牛乳が最もおいしいということはよくある。北海道の養老牛温泉「湯宿だいいち」の瓶に入った「養老牛放牧牛乳」も濃かったなぁ。

そして、あれは北海道十勝岳周辺のホテルの会場でのこと。同じようにビュッフェの目玉を訊ねると、女性スタッフが「カレーです」と答えてくれた。

ま、朝カレーは、最近ブームだ。心の中で「朝カレーね」と、どこか落胆した。

彼女の説明は続いた。

「うちはジャガイモを入れずに、お肉と玉ねぎだけで作っています。もともとランチで人気があったカレーを朝食で出すようになりました」。勧められたカレーは、柱の陰にひっそりと置かれてある。プレートには「人気カレー」とだけ表記。

そのカレーを何気なく「ぱくっ」とすると……、ワンダフル！

ルーはやや深めの茶色で、表面には光沢がある。抜群の甘みとコク。このコクのせいで止められなくなり、ついついお代わりにつぐお代わり。小皿だが、3杯完食なり。朝からカレーで、大満足。

教えてくれた女性スタッフに、「おいしかったです！　甘さは玉ねぎですか？」と尋ねると、「そうなんです。大量の玉ねぎに火を通してから濾《こ》しています」

「こんなにおいしいのに、なんで目立たない奥に置くんですか？　お客さんが気づきませんよ」と申し上げると、

「手間がかかっていてたくさん出せませんので、隅に。ただお客様の中で、ご存じの方がいるので、すぐになくなります」と微笑《ほほえ》まれた。

ビュッフェにこのような目玉の一品があることを、お忘れなく。

記憶に残る朝ごはんの〝あの一品〟

山形県かみのやま温泉「古窯《こよう》」の「フレンチトースト」

「古窯」に宿泊すると、必ず夕食のデザートでいただく「窯プリン」。豪華な夕食を完食してもなお、この滑らかなプリンはつるつるっとお腹に収まる。甘すぎないからなのか、満腹でも入る魔法のプリン。宿の前にプリン専門店があるほどの力の入れようだ。

あまりに私が「窯プリン」を気に入っている様子を見せたからか、女性スタッフが「朝ごはんのビュッフェで、フレンチトーストを選んでください。プリン職人が目の前で焼きます。そこにホイップクリームとわが社自慢のはちみつをたっぷりと添えてくださいね」と、可愛らしい笑顔で薦めてくれた。

ほぉ――。

もちろん翌朝、ビュッフェ会場に行くと真っ先にフレンチトーストを求めた。ただ列をなしていて、まずは眺める。その間、香ばしい匂いに欲望がそそられた。

そのフレンチトーストは手のひらサイズで、わりと小ぶり。よって2枚を皿にのせ、スタッフさんのアドバイスに従って、ホイップクリームをこんもりと、はちみつをどっさりと。おっと、盛りすぎて本家本元のフレンチトーストが見えなくなった。

頬張ると、まるでプリンのような食感。ふわふわとも違う、とろける感じ。クリームとはちみつの甘さを大満喫。2回目のお代わりはフレンチトーストだけをいただくことにした。オイルと卵の香りがして、口の中で軽やかにフレンチトーストが泳いだ。触感が、どこかプリンであった。

兵庫県有馬温泉「Pao De Beau（パン・ド・ボウ）」の「焼き立てパン」

有馬温泉の共同浴場「金の湯」近くの「小宿有楽」「松林亭」「駿河亭」で一泊朝食付きプランを利用すると、朝ごはんには有馬の有名ベーカリーショップ「パン・ド・ボウ」で好きなパンを選んで食べられる。

有馬温泉最古の宿「陶泉御所坊」を経営してきた金井家のお屋敷を改築した建物で、洋館だったのだろうか、家具のデザインからして、和の温泉地らしからぬハイカラさが漂う。

お腹を減らして店内に入るとたまらない。焼き立てのパンの匂いがこれでもかというほど襲いかかってくる。目移りしながらパンを選び、温かいカフェラテも注文して、2階のテラス席に着いた。大理石の床と瀟洒なテーブルといすに温泉地にいることを忘れる。ここは、ウィーンか——。

1つめは、丹波黒豆を練り込んだパン。少し黄色がかった生地のパンを半分に割ると、黒い豆豆豆……、数えると8個あった。パンの生地より、豆の味が記憶に残っている。

2つめは、有馬温泉の金泉で作られた「金泉塩」を練り込んだパン。塩味が効いていること！　朝の湯上がりには、ほどよい塩っ気だ。

3つめは、この店の名物の有馬山椒を使ったパン。黒ごまをたっぷりかけたパンが山椒の佃煮を包んでいる。「わしっ」と大口でかぶりつくと、ツンとする山椒のしびれが舌に残り、その後に醬油風味が追いかけて、さらにその後に黒ごまの嵐が吹き抜けた——。初めて体験した味である。

北海道江差温泉「旅庭群来《くき》」の「卵かけご飯」

温泉宿の朝食には、必ずと言っていいほど卵料理が登場する。よって宿泊した数だけ、私は卵料理を食べてきた。ふわふわの出汁巻きたまご、目の前で焼いてもらった熱々オムレツ、ぷるぷるの温泉たまご……、多種多様な卵の記憶が駆け巡るが、どうしても一品を選べと言われたら、迷わず「旅庭群来」の卵かけご飯、一択！

朝食会場のテーブルには、ご丁寧に、卵かけご飯をおいしくいただく術が表示されている。そもそも卵かけご飯の食べ方にガイドなど必要だろうかと、首をかしげるが、読み込むと、オーナーの誇りが垣間見えた。

卵を割る。これ、当然。次に黄身と白身を分けて、白身だけをご飯に入れて、ご飯と白身を混ぜる。ポイントは「メレンゲを作るかのように」と記されている。心を込めて混ぜると、確かにメレンゲのようなふわふわの真っ白い泡ができた。

そこに卵の黄身を「ぽとん」と落とす。最後に醤油を1滴。

さて食す。

黄身の真ん中を箸で割り崩した。「どろっ」と重たい動きをした黄身は異様なほど甘かった。泡のような白身と強烈な黄身のコク——。この日はずっと、卵の黄身のコクが舌に残っていた。

長崎県壱岐の湯ノ本温泉「平山旅館」の「採れたて野菜」

長崎県壱岐に湧く湯ノ本温泉。ナトリウム濃度が高く、ねっとりとしたお湯が特徴だ。島ゆえに、前夜には鯛をはじめとするピチピチのお刺身をいただいた。漁をして、捌くのも全てご主人。夕食の締めに出る郷土料理の鯛そうめんも絶品だ。

朝食の干物も、もちろん美味。

しかしながら、である。もっと舌を震撼させたのは野菜だった。

出された朝食の3分の1のスペースを占める、大きな丼に盛られた色とりどりの生野菜。底に敷かれたベビーリーフやワサビの緑、からし菜の紫、赤かぶの朱色、人参の橙色、色大根の黄色……、何層も色彩が重なり、皿は花が咲いたよう。まるでブーケだ。

女将の平山真希子さんが「うちで栽培している無農薬の野菜です。採りたてですし、安心して、たんと食べてくださいね」と元気いっぱいに可愛く微笑んだ。

味噌やドレッシングなどが添えられていたが、私はほんの少し塩をつけて食べた。どの野菜も、口の中で水分が弾け飛んだ。時にほろ苦く、そして甘く、瑞々しい。

おいしい野菜には、ドレッシングはいらないのだと「平山旅館」で知った。

山形県湯田川温泉「九兵衛旅館」の「小松菜ジュース」

冬の日本海は鱈《たら》がおいしい。

1月末から2月末にかけて、夕食に「鱈汁」が出る。通常の2倍ほどの大きなお椀に鱈汁が入っていて、湯気が漂っている。その光景に心が温まる。

味噌味なのか、どこかクリーミーで、そして塩っ気も強い。大根、ニンジン、ごぼうと鱈以外にも根菜がどっさり。夢中で食べると、胃腸を温めて、お腹を満たしてくれた。優しい椀である。

「九兵衛旅館」は藤沢周平ゆかりの宿として知られるが、その藤沢周平は「鱈汁をつまみに酒があう」と、表現した。塩っ気がそう感じさせたのだろうか。確かに、朝から地酒が欲しくなった。

季節限定の夕食もさることながら、通年いただける朝食の「小松菜ジュース」も目覚めに良かった。

個室に用意された朝ごはんの席に着くと、丸いお皿に細かい氷が敷き詰められて、その氷に埋まるように細長いコップが置かれてある。

それが「九兵衛旅館」名物の小松菜ジュースである。口に含むと青々しさが広がる。少しどろっとしているのは、小松菜だけでなく、山形県産リンゴジュースとヨーグルトも入っているからか、と、おしながきの表記を見て納得。

そのフレッシュさで目が覚めて、一気に食欲が湧いたのだ。

秋田県夏瀬温泉「都わすれ」の「とんぶり添え納豆」&
新潟県栃尾又温泉「自在館」の「湯治納豆」

朝食の定番と言えば納豆だ。おいしい納豆を食せたら「ルン」と気持ちが上がる。
「何回まぜまぜするか」問題を代表に、納豆には個人のお作法があると思う。私はおいしければそれでいいタイプ。

記憶に残る納豆も数々出会ってきた。

秋田の夏瀬温泉「都わすれ」では藁に包まれた納豆にとんぶりが添えてあった。藁を開けた瞬間に納豆が匂い立つ。そこにとんぶりを混ぜると、ムニュッとする納豆にコリンとした食感が加わるのが新鮮だった。

新潟県で最古の温泉地として名高い栃尾又温泉のお湯に、新潟県産の大豆を漬けること8時間。これが「自在館」お馴染みの「湯治納豆」である。白く小さなパッケージに「湯治納豆」と墨で描かれた野太い文字が、味を保証する。

大粒の納豆を炊き立ての白米にのせていただいた。

長野県蓼科親湯温泉の「寒天」

蓼科は岩波書店やみすず書房の創始者のゆかりの地ということで、好きなだけ読書できるようにと親湯温泉の館内には3万冊もの蔵書が並ぶ。近代から現代まで、本のラインナップもよくて、本が読める宿としてはもっとも好き。

蓼科をお客さんに紹介したいという宿の考えは朝ごはんにも表れていた。

なんと蓼科の名産の寒天がサラダバーに出るという。

そもそも温泉宿の朝ごはんに寒天を食べた経験はない。いったいどのような試みなのかと戸惑っていたのだが……、この蓼科自慢の寒天がおいしかったのである！ビュッフェコーナーに5〜6種類の生野菜が並び、その一角に寒天があった。自家製玉ねぎドレッシング、ブラッドオレンジドレッシング、オリーブオイル、味噌&マヨネーズと種類豊富なたれが並ぶ。

私は皿に生野菜をのせ、正面中央に寒天をど〜んと鎮座させた。そう、主役級の扱いとして盛り付けたのである。

味はさほど感じなかったから、「こりっと、するっと」した触感を楽しんだ。気になった味噌&マヨネーズで寒天のみをいただくと、あら、寒天が立派な惣菜に大変身。寒天と味噌&マヨネーズのセットでお代わりした。

これ以来、寒天を意識するようになった。それまでは鍋の具材くらいにしか考えていなかったが、自宅の貯蔵庫には必ず寒天が入っている。サラダに、あるいは味噌汁やスープにも入れるようにしている。

そして、蓼科親湯を思い出す。

福島県会津東山温泉「向瀧」の「進駐軍珈琲」

第二次世界大戦後、名旅館「向瀧」はGHQの進駐軍に接収された。「向瀧」と言えば、美しい木造建築が有名で、登録有形文化財第1号に指定された宿だ。この素晴らしい宿に進駐軍が土足で駐留したのかと思うと、少しセンチメンタルになる。ただ進駐軍は置き土産もした。それが珈琲である。現在は「進駐軍MBブレンド」として、朝ごはんのあとに別注で飲むことができる。取材中だったこともあり、「昭和20年頃、進駐軍ニューヨーク部隊の将校さんが教えてくれた通りに、煮出し珈琲をご提供しております」と社長自《みず》らが出してくださった。

注文すると、直火にかけてコーヒーを抽出するパーコレーター一式が置かれ、珈琲を煮出す。

「出来立ての熱々は、ワイルドな香りが特徴です。少し冷ますと、味わいが深くコクが出てきます」

戦後の混乱期に想いを馳せながら、その変化を楽しんだ。

Column

ローカルフードをぱくぱくっ

高山ラーメン

さっぱりとした醤油ベースのスープに極細のちぢれ麺がゆらゆらと浮いている高山ラーメン。箸を入れると、麺がダンスしているよう。極細ちぢれ麺は、それほど軽やかな身のこなし。映画「君の名は」で主人公が食べていたことで一躍知名度があがったが、そもそも高山は古い街並みと温泉で外国人観光客に人気。外国人が上手に箸を使いラーメンを啜る姿が微笑ましい。

日田高菜巻き

大分県日田温泉の名物・高菜巻きは日田で採れたものを具材にしたもの。主に、納豆、長芋、葱を具に高菜で巻きこんだ太巻き寿司だ。納豆と長芋のねばねばが印象的で、高菜のさっぱりとした爽やかな酸味と塩っ気で醤油はいらない。酸味が効いているからか、飽きさせない。高菜巻きがのった皿は、ダイナミックにはけで模様を付けたという日田の伝統・小鹿田《おんた》焼きだ。

シジミ汁

宍道湖を目の前にする島根県しんじ湖温泉「なにわ一水」は高齢者や身体の不自由な人に優しい宿。客室の半数以上がバリアフリーでリフト付きのお風呂もある。さまざまな障害への対応を学んだ「あいサポーター」もスタッフにいる。宍道湖はシジミの産地であり、シジミの滋養はご存じの通り。朝食のシジミ汁はお代わり自由。じんわりと体の隅々にまで滋養が届けば、どんな人も元気になる。

ちゃんぽん

ちゃんぽんと言えば、魚介の入った長崎ちゃんぽんを思い浮かべるだろうが、福岡、熊本、佐賀と九州の各地にちゃんぽんはあり、町の味として地元に親しまれている。スープはほぼどこも似た味だが、私は豚肉が入った佐賀風が好き。佐賀の武雄温泉に本店がある昭和24年創業の「井手ちゃんぽん」は野菜のボリュームが別格で大人気。実はこのかつ丼はもっとおいしいと聞いたことがある。

まご茶漬

千葉県安房鴨川温泉「是空」の食事処。ここの大きな窓越しに海を望むと、ため息が出る。海は食材の宝庫！　大海原を前に、千葉の漁師料理として愛されてきたまご茶漬をいただくと、味は格別だ。まずはアジやまぐろを生姜醤油に漬けた「なめろう」を一口目に。そして熱々のご飯にのせて二口目。三口目はだし汁をかけて。海に向かって、「ごちそうさまでした〜！」と叫びたくなる。

スメ料理

指宿から車で20分の所に、西郷どんが湯治した鰻温泉がある。その鰻地域で受け継がれてきたのがスメ料理。源泉から立ち上る高温の蒸気を使う料理で、蒸気の上に食材をのせて、ゴザをかける。スメとは鰻地域の言葉で窯を意味する。各家庭にそれぞれスメがあり、鶏一羽を置いておくと骨まで柔らかくほくほくに。卵を1日中置いておくと濃厚なプリンのような風味になるそうだ。

なめろう

鯵の叩きと味噌生姜ネギの薬味を混ぜ合わせた「なめろう」は3度おいしい。そのまま食べると刺身感覚。白米にこんもりのせていただくと、米の甘味と鯵の脂と薬味の爽やかさで丼3杯はいける。出汁をかけて山葵と海苔も添えて茶漬にすると、スルスル流れるように胃に入る。三変化するなめろうを私は海のカメレオンと呼ぶ。もともと漁師料理だっただけに、普段着の味がほっとするなぁ〜。

きりざい

作家の故・渡辺淳一さんがこよなく愛した六日町温泉「龍言」。作品にも登場したこの宿を友人の井口智裕さんが継承し「ryugon」としてリニューアルオープンした。訪ねると、雪国の生活をお客さんに体験してもらおうと試みていた。朝食に出たきりざいはこのあたりのソウルフード。「きり」は切る、「ざい」は野菜の菜を表し、野菜を細かく切って納豆とあえる。白米にのせればご馳走なり。

味噌たんぽ

秋田県乳頭温泉郷「妙乃湯」の女将・佐藤京子さんが理想の宿として作った「都わすれ」。角館から30分ほど林道をゆくまさしく秘湯の一軒宿だ。女将の洒落たセンスが光り、田舎風な感じはなくハイカラで、それは食事にも表れている。火鉢の上で焼かれた2本のきりたんぽは、それぞれに甘味噌と山椒味噌が塗られてある。単調になりがちなきりたんぽに、甘さと辛みのアクセントが楽しい。

銘菓「志ぐれ」

愛媛県大洲銘菓「志ぐれ」は小豆と米粉や餅粉をあわせて、セイロで蒸した和菓子。2口でいただけるサイズで個包装。品のある甘さはういろうに似ている。そもそも大洲藩の江戸屋敷で作られた菓子が参勤交代で大洲に伝わった。大洲城を貸し切れる「キャッスルステイ」プランに「志ぐれ」を持参し、殿様気分といきたい。1泊100万と高額だが、道後温泉から足を延ばして欲しい。

スキー汁

明治44年、新潟県上越市にスキーを伝えに来たオーストリアのレルヒ少佐が、練習中に食べていたのが通称「スキー汁」。その後、スキーブームにのって町おこしの一環で再現され、日本スキー発祥の地をPRした。私が食べた時は、具沢山の豚汁の中にスキー板に見立てた細長いサツマイモが2本立ててあった。それはまるで雪上にスキー板が刺さっている、あのゲレンデの風景を思い出した。

塩の子

雪深い新潟県松之山温泉に伝わる保存調味料「塩の子」。可愛らしい名前とは裏腹に、舌を強烈に刺激する。辛味と塩っ気は、おこげが入った重湯ベースの「棚田鍋」にひとかけするとアクセントに。「塩の子」はかぐら南蛮をみじん切りにし、塩と糀《こうじ》に合わせ発酵させるが、かぐら南蛮を刻む時はマスクと手袋とゴーグルを着用のフル装備でなければならないほど。作る時も強烈なのだ。

つぼん汁

熊本県人吉温泉が湧く球磨地域で、秋祭りに出された会席膳の一品「つぼん汁」は、現在は正月や祭りでも作られる。ハレの料理ゆえに具材は7種か9種などの奇数でそろえる習わし。鶏肉、干ししいたけ、かまぼこ、里芋、人参、大根など具沢山の汁物で、いりこ出汁と醤油風味に根菜から溶け出した優しい甘さが加わる。私は悠久なる球磨川を眺めながら、名旅館「あゆの里」でいただいた。

鯛そうめん

長崎県壱岐島に湧く湯ノ本温泉「平山旅館」で漁師町のお祝いの膳「鯛そうめん」を食べた。鍋には立派な天然鯛のお頭と葉もの野菜、さらに根菜と一口分に小分けされた素麺。最初から〆の麺が入っているのがユニーク。滋養がしみじみと身体に行き渡るスープにほっこり。ちなみに湯ノ本温泉は子宝の湯として知られる。鉄分を含んだ赤い塩の湯に浸かった女将も子だくさん。あぁ、めで鯛。

第3章　ひとり温泉で「おいしいお土産」

地域を語る「おいしいお土産」

旅のお土産は2つの用途がある。

ひとつは旅を思い出すための自分へのお土産。もうひとつは人に渡すため。

テレビ番組を制作している15年来の女友達と再会し、夕食を摂りながら話題になったのは旅先からのお土産だった。

「まゆみさんがいつもくださるモノ選びがいいなと思っていたんです」

と、彼女が切り出した。

「まずね、帰りにハンドバッグに入る控えめなサイズ感。それから、そんなに高そうでないところもいい。一番は、可愛らしいお土産を渡しながら、キラキラした目で溢れるような情熱トークを繰り広げる姿が印象的で、使う時、食べる時、まゆみさんを思い出して、なんだか微笑んでしまうんです」

聞いていると恥ずかしくなってしまうが、さらに友人はこう付け加えた。

「地域の文化やストーリーを纏った小さいお品は、間違いなく、暮らしをほんのりと旅気分にさせてくれていました。女将さんたちや地域の人たちが作り出したものなので、包装などは素朴でエシカルなのに、中身の満足感が素晴らしかったです」

私はさほど意図していなかったが、友人の言葉から、モノを渡すこと以上に、その地域を知って欲しいという気持ちが強かったことに気づかされた。

今回セレクトしたお土産にも、私が渡す際の能書きを付けてみよう。

温泉まんじゅう発祥の地

群馬県伊香保温泉の「湯乃花まんじゅう」

温泉土産と言えば、まずは温泉まんじゅうを挙げなければなるまい。

伊香保温泉の「勝月堂」の「湯乃花まんじゅう」は、もっちりとした黒糖風味が豊かな皮とみっちりとした餡は他に類を見ない、傑出したおいしさだ。

なにせ温泉まんじゅうを最初に生み出したのは「勝月堂」の店主なのである。時は、明治43年。伊香保温泉に名物がないことを苦慮した「勝月堂」店主が、自分で作ろうと思い立ったのがきっかけ。試行錯誤の末、伊香保温泉のお湯の茶褐色を饅頭の皮に模した「湯乃花まんじゅう」が完成したのだ。

伊香保の温泉街にある３６５段の石段の３００段目、息があがる頃に「勝月堂」の看板が見えてくる。あつあつを買い「ふうふう」言いながら食する。

食べたら、お土産にしたくなる。ただし保存料を使っていないので、賞味期限はわずか2日。そのため購入したものの、人に渡しそびれて、結局、自分で食べてしまうことがままあるのだが。

さらにおいしくさせるロケーションの妙！
大分県明礬《みょうばん》温泉「岡本屋」の「地獄蒸しプリン」

遠くに目をやると別府湾の大パノラマ。手前にはいくつもの藁葺き屋根の湯小屋があり、その間を湯けむりが立ち上る——。

大分県別府温泉郷明礬温泉のこの風景の中に身を置いていただく「地獄蒸しプリン」は、ロケーションも高ポイントで、おいしさ倍増。小ぶりだが濃厚で、堅めの食感。

卵黄の甘さに、苦みが強いカラメルを混ぜ合わせた味だが、風と共に届く硫黄の香りが最高のスパイスとなる。

近年、温泉土産にプリンが大流行だ。味だけならば、正直、甲乙つけがたい。佐賀県嬉野温泉の「大村屋」のプリンも秀逸だ。

しかし、〝おんせん県大分〟の中でも湧出量で言えば別府の湯力は格別で、さらに明礬温泉の風景も土産話として語れることを考慮すれば、「地獄蒸しプリン」を選ぼうか。

ジャケ買いしてしまう
兵庫県有馬温泉の「炭酸せんべい」

温泉に浸かるとエネルギーを消費し、お腹が減る。が、温泉に入る前にがっつり食べてしまっては胃にもたれる。

単純二酸化炭素泉がサクサク感を醸し出す有馬温泉銘菓の「炭酸せんべい」ほど、湯巡りの間食に最適な品はない。軽くて甘くて湯疲れが吹っ飛ぶ。小腹が満たされるのも、また嬉し。

石畳の温泉街で焼きたてもいただけるから、手ぬぐいをぶら下げて、「炭酸せんべい」を手にしたら、湯巡り準備オーケーだ。

私は「元祖炭酸せんべい」の「三津森本舗」の缶が好き。円柱形のその缶は紅、白、金、青の4色のシマシマに彩られている。色彩が昭和レトロ。この原稿を書いている机でも、この缶をペン立てとして使用している。本や資料が積み上げられた机における、ワンポイントアクセント。目をやった時に気持ちがほぐれる。

父を想う息子の思いやりの味
宮城県鎌先温泉・峩々《がが》温泉の「白石温麵」

今から400年も前のこと——。

宮城県白石の城下町で、「胃腸が弱い父のために」と孝行息子が思いついたのが白石温麵。油を使わずに、小麦粉と塩水のみで作る手延べ製法は消化によく、長さが10センチ程の短い麵は食べやすい。

白石温麵の初体験は、寒さ厳しい冬のある日。鎌先温泉と峩々温泉へ取材に行く途中で入った店だった。

大きな丼から湯気が漂う。熱々の麵の上に、こんもりと野菜のあんかけがのっていた。スープは醬油ベース。短い麵はとろみがついた野菜と絡みやすく、とても食べやすかった。まるまる1杯を食べ終えると、ほのぼのとした。

この時に店のスタッフから白石温麵の誕生エピソードを聞かせてもらった。

こりゃ、人に言いたくなる。

取材を終え、新幹線停車駅の白石蔵王駅に行くと、人気麵として販売されていた。孝行話もさることながら、ジャケ買いしたくなるパッケージ。麵を包む包装紙には宮城の名湯に伝わる伝統こけしが描かれている。ボディが花柄の鳴子《なるこ》（温泉）こけし、三日月目でしゅっとした顔立ちの遠刈田《とおがった》（温泉）こけし、黒目の大きな作並（温泉）こけしなど、各地でボディや表情が異なるのだ。さながら、〝こけし女子〟が勢ぞろい！

そもそもこけしは、湯治のお土産だった。だから今も東北の名湯では、その温泉地特有の絵柄のこけしをお土産として購入できる。

このお土産ひとつで、話題は尽きない。

ご当地カレー

日本各地、ご当地レトルトカレーは何種類くらいあるのだろう。観光地や温泉地に行っても必ず目にするようになったし、興味本位で、よく購入する。その中でも選りすぐったご当地カレーを紹介してみよう。

・山形県米沢市「黄木」の「米沢牛ビーフカレー」

米沢牛を扱う老舗の精肉店「黄木」の直営レストラン「金剛閣」が監修した、米沢牛を使ったビーフカレー。米沢牛はほろほろで、口の中で溶けていく感動たるや。でも風味はしっかり残る。さすが、お肉屋さんの黒毛和牛カレーである。

「黄木」は112ページのコラムでもすみれ漬を取り上げているが、オーナーが米沢で温泉宿を経営している。夕食で米沢牛フルコースをいただけるおいしい宿だ。

・宮崎県宮崎空港で購入できる「ガンジスカレー」

花と神話をテーマに南国リゾートを演出した宮崎ブーゲンビリア空港は、その名のとおり通年ブーゲンビリアが咲く。

空港の名物は「ガンジスカレー」。

細かい玉ねぎが入るため、スパイシーよりマイルドな味わいで、食べやすい。

調べてみると地元の名店「味のガンジス」が作っており、バスターミナルなどでも店を出している宮崎のソウルフードだった。私も宮崎に行くと必ず食べたくなる。

宮崎の青島温泉や「フェニックス・シーガイア・リゾート（宮崎シーガイア）」の帰りには、自分用に「ガンジスカレー」のレトルトを購入することにしている。

清涼感が恋しくなる……

新潟県越後湯沢温泉の「ハッカ」

越後湯沢温泉「雪国の宿　高半」の湯上がり処で水を飲んだら、す〜っとして驚いた。

その清涼感の正体はハッカ！

魚沼地区にはかつてハッカ畑があって、今もわずかだが残っている。

越後の名将・上杉謙信が愛用した「和種薄荷草」を用いた砂糖菓子「はっか糖」は、口でほどける柔らかさ。香りと風味が上品。薄荷油も発売しており、盛夏には家風呂に一滴入れると汗がひくので、私の夏の常備品だ。また、旅する際にマスクを着ける時は、マスクに薄荷油をシュッと。まさしく一服の清涼剤である。

私はいつも越後湯沢駅で購入する。

秋田の温泉を思い出す「いぶりがっこ」

秋田県内陸部に伝わる漬物「いぶりがっこ」は、囲炉裏の上に大根を吊るして燻製にしたのちに、米ぬかで漬け込んだもの。秋田の温泉旅館に泊まれば、ほぼ必ず出される。

噛み締めた時の「ゴリッゴリッ」という音に、おいしさの秘密がある。燻されて水分が飛んだ大根ゆえに、響きは重たい。低温でずっしりとした音が歯に伝わり、噛めば噛むほど味が染み出てくる。木の香りが口に広がる。

湯上りに、秋田の地酒といぶりがっこをあわせたら、完璧である。

秋田県の宿や駅やお土産物店なら、わりとどこでも販売しているのも、便利。

白米のお供に最高！

山形県米沢八湯の「あけがらし」

私は米好きゆえに、米のおいしさを引き立たせる一口惣菜を常に探している。

先日、山形県米沢八湯を訪ねた時に、「あけがらし」に出会った。

「仕込み芥子糀に麻の実をあしらった無添加自然食。いにしえの食材」と説明がある。


炊き立ての丼ごはんにのせて、ぱくっ。

おっ……なんとも言えない旨味が……。

山形県長井市の老舗の醤油蔵元が作るだけあり、醤油風味でまろやかだが、あとからピリッと来て、食欲が湧く。

キュウリにも鍋にも冷奴にも使える万能ぶり！

アイディア商品
宮城県鎌先温泉の「電球はちみつ」
宮城県鎌先温泉「みちのく庵」の朝食には、ヨーグルトと小型の電球が出てくる。

「あれ？」と思ったら、なんと電球の中にはちみつが入っていた。

「近くの養蜂農園さんから分けていただいて、電球に入れてみました」と茶目っ気たっぷりの女将。養蜂農園のはちみつに興味を持って欲しいというのが発想の素だそう。

「寝食を提供する宿は、お客様が試してから購入いただけるので、うちのショップはよく売れるんですよ」。寝具や館内で焚くアロマオイルも好評とのこと。

１０００円以内という値付けも絶妙で、宿の朝食で味わった体験から、「安い！」と思わせてくれる。

「採れたて」がおいしい！

・山梨県石和《いさわ》温泉の「シャインマスカット」

あまりの酷暑で心身共にバテていた日、山梨県石和温泉の農園で採れたてのシャインマスカットを購入した。

宿に戻り、１粒口にすると、パリッと皮が破れ、ジュワッと果汁が飛び、果肉はコリコリッとした。気品あるその甘い香りと新鮮さに、はっと目が覚めた。ここ数日、暑さでぼんやりとしていた身体が蘇ってきた。

都内で購入したぶどうとは別物。

採れたてとは、こういう力を指すのか――。

それ以来、「採れたて」を目にすると反射的に心が動く。

あれは新潟の温泉地からの帰り、上越新幹線の最寄り駅で「白根《しろね》の朝採れ！」というのぼりと共に、紙に包まれた大きなシャインマスカットが販売されていた。白根は新潟ではつとに知られたフルーツの産地だ。

石和温泉で口にした一粒のあの感動を思い出した。

両手にいっぱいの大荷物を抱えていたのに、買わずにいられなかった。一房１５００円也。

新幹線に乗車すると、荷物の上に置いたシャインマスカットから芳醇な匂いが漂ってきた。帰宅まで我慢できずに車中で広げると、なんと立派な粒。あぁ……、もっとたくさん買えばよかった。後悔しながら、空腹も手伝って、一房の半分を食べてしまい、採れたての威力と魔力と魅力を人に話す機会を逸してしまった。
・静岡県湯ヶ島温泉の「わさび」
伊豆半島天城のわさびは日本一の生産量を誇り、天城の「真妻《まづま》」は最高級品種として評価されている。そんなわさびを使って「和風ハーブだと思って開発したの」

とフルコースを考案したのは、文豪・井上靖の定宿として名高い湯ヶ島温泉「白壁」の女将。

わさびの花と茎で握る寿司は爽やか。わさび鍋は、すりおろしたわさびの辛さより甘みを感じる。地酒にもわさびを入れて一献。

土産に購入して帰京した日、たまたま人に会う機会があり、渡すと、その人の表情がぱっと明るくなった。

「わぁ、いい香りですね〜。演歌の『天城越え』のあの天城のわさびですか！」と、会話が広がった。

お土産ひとつで、相手とのコミュニケーションは豊かに楽しくなるのだ。


先述した、私に「温泉地におけるおいしい土産」という視点を気づかせてくれた友人は、NHKの人気番組「世界はほしいモノにあふれてる」のプロデューサーの百崎雅子さんだ。

通称「せかほし」と呼ばれ、長く愛されてきたこの番組は、モノを作りあげる人の想いと、そのモノを受け取る人との関わりを丁寧に取り上げている。モノを通じた心のキャッチボールに興味を持ち、私も大好きな番組だ。

そういう番組の作り手が語った「地域の文化やストーリーを纏った小さいお品は、間違いなく、暮らしをほんのりと旅気分にさせてくれていました」という言葉を大切にしたい。

おいしいお土産をきっかけに、もっと温泉地や日本の美しい地域を知って欲しいと、あらためて願う。

Column
素材を
ぱくぱくぱくっ

山の芋

名湯・乳頭温泉郷「鶴の湯」の山の芋鍋と言えば温泉好きにはたまらない。味噌仕立てで豚バラ肉が入る鍋に、自生する山芋をすりおろし団子状にして湯通ししたものを入れる。山芋からよく出汁が出て、団子はふわふわ。囲炉裏で煮る鍋からの味噌と山芋の甘い香りを嗅げば、お腹がぐ〜。凍える冬にはこの鍋と雪に埋もれる露天風呂の湯でぬくもるに限る。冬期は帳場で山芋を販売している。

温泉もやし

小野小町ゆかりの米沢市小野川温泉は約4か月もの間、雪に閉ざされる。冬季に温泉で栽培される豆もやしは、25センチ程の長い茎にしっかりとした豆が付く。この時期に温泉街の食堂でもやしラーメンを注文すると、さっぱり醤油味のスープに豆もやしがどんとのってくる。食べごたえあるもやしは、細いちぢれ麺なみの存在感。啜るのは麺か、はてはもやしか……。郷土料理にふさわしい。

塩原高原大根

箒木《ほうき》川沿いを彩る錦繍色の紅葉が始まる頃、栃木県塩原温泉で塩原高原大根が収穫される。たっぷりと水分を含む大根は、噛むと軽妙な音が耳に心地よく、まるで梨かと思わせるのは、標高が高く、昼と夜の寒暖の差があるから。サラダもいいが、スティック状にして味噌をつけて食べるのが好み。喉が乾く湯上がりを潤してくれるから。10月には大根大鍋のふるまいや大根ぶらさげ祭りもある。

雪下人参

新潟県内でも特に雪深い地域は冬に野菜を保存する知恵がある。秋に収穫せず、土の中のまま、食べる時に雪と土を掘り起こす〝雪下野菜〟と、収穫後も雪の冷気で保管する貯蔵庫〝雪室野菜〟。キャベツや大根、ゴボウや人参がある。特に雪下人参は生で食べると果実のように甘い。栄養価も増す。すりおろしたような粒々感が残る雪下人参ジュースは新潟県中越地方の温泉地の大ヒット商品。

おくら

指宿温泉「秀水園」で「おくらのすりおろし」をいただいた。すったオクラに鰹出汁が混ぜてある。青々とした香りが鼻をくすぐる。それに勝るとも劣らず、鰹風味も強い。器に盛られた涼し気な見た目と違い、タフな味。オクラの生産量日本一の指宿と、鰹節の生産量日本一のお隣山川ゆえ。ちなみに指宿はそら豆の生産量も多いとか。おくらもそら豆も太陽に恵まれた肥沃な大地に宿る。

天然炭酸水

福島県奥会津地方には個性溢れる温泉が点在する。特に金山町は希少価値のある炭酸泉が湧く。金山町の「炭酸場《たんさんば》」の水は、明治10年に「太陽水」と銘名し、胃腸薬として瓶に詰めて販売。明治36年にはドイツに輸出していたそうだ。井戸を覗き込むと、「ぱちぱち」と泡が弾ける音がした。炭酸水を口に含むと、泡が勢いよく舌を弾いた。金山町では料理にも使うそうだ。

ル・レクチェ

西洋梨と言えば山形が産地のラ・フランスもあるが、新潟ではル・レクチェが採れる。「西洋梨の貴婦人」と呼ばれるほど気品漂う高級果実。お歳暮にも使われるが、あまり日持ちしないため広く出回らない。時折、母が送ってくれるのだが、箱を開けた瞬間に鼻に届く香しさよ。確かにその姿は貴婦人のごとくすっと立つ。酸味はほとんどなく、とろける甘さ。湯田上温泉土産に、いかが。

海老芋

旅がらすの身としては、旅館料理は日常の膳。贅沢この上ないと怒られそうだが……、たまに胃腸が疲れてしまうこともある。山形県湯田温泉で野菜の炊き合わせに海老芋が出された。名前の由来はまさに海老のような姿だから。ほくほくとし、噛むごとにとけてしまいそうな食感、ほんのりとした甘さは安らぎを与えてくれる。豪勢な伊勢海老より、素朴な海老芋を好む私はやっぱり贅沢病か!?

食用菊

新潟県では食用菊「かきのもと」が栽培され、酢の物として食す。子供の頃は見るのも嫌で、溺愛してくれた祖母がおいしそうに食べるのが不思議だった。年を重ね、今ではあの苦味と渋味を求めてやまない。秋になると新潟の各地の温泉宿で出される。苦手な食材でも大人になればいただけるようになる話はよく聞くが、私のそれは食用菊。祖母と一緒に食べたかったなぁ。

とり貝

ぬるっと。ぶりぶりっと。こりっと。むにゅと。

初めての食感に心打たれたのは、初夏の宮津温泉でのこと。天橋立を股のぞきした後、この日に泊まった料理自慢の宿「茶六別館」の夕食で出されたのが、名物丹後とり貝。8センチ強もの大きさで迫力ある姿！噛んで飲みこむまで、その食感は変幻自在。豊潤なクリーミーさが口に残った。

かさご

伊豆半島下田にほど近い蓮台寺温泉はかさごのから揚げが名物だ。アメリカの故カーター大統領が蓮台寺温泉「清流荘」を訪れた際に出されたことから、その後、名物として定着した。その普及ぶりに、本家の「清流荘」はむしろ出すのをやめたのだという。かさごのから揚げは一匹丸ごと揚げて、頭から尻尾まで食べられる。淡泊な味のかさごが香ばしくなって、私は大好きだ。

第4章　ひとり温泉で「温泉を知る」

買い物をして、おいしい物を食べて、宿泊する。旅がそうした、ただの消費だけではもったいない。

旅先で思いもよらぬ出会いがあり、出会った人から教えていただき、その土地の機微を知ってこそ、旅が彩られる。

私にとって、旅は解放であると同時に、吸収の場でもある。

各地に出かけると生きた知識が得られる。未知なる世界に連れていってくれるから、心がときめく。

それがひとり旅なら、人に気を遣うことなく、好奇心の赴くままに動けるから、なお愉しい。

ひとりの気軽さは、土地の人と接点を持つチャンスにも恵まれる。

私は、温泉が湧く地域の人の営みから、温泉の効果効能を学んできた。温泉は人が活用してこそ、その力を知ることができる。机上の空論ではない、生きた知識が温泉地にはある。

別府温泉で知った「奇跡の回復」

大分県別府温泉から、私が受け持つ跡見学園女子大学「観光温泉学」の授業を生配信したことがある。

この日の滞在先の別府北浜地区に建つ「野上本館」から、パソコンを持ち、配信授業をスタートした。

「野上本館」は手軽な価格で素泊まりができ、大勢の外国人観光客を受け入れてきた。2013年にリニューアルして、ひとり客を受け入れやすくした。ひとり温泉にとって使いやすい洒落た部屋や、リモートワークしやすいラウンジなど、積極的な取り組みをしている。まさに、ひとり温泉大歓迎の宿である。

といった解説をしながら、パソコンのカメラで館内を映しつつ、すれ違った外国人のお客さんに話しかけてみたりした。

それから外に出て、伝統的な共同湯・竹瓦温泉へ向けて3分ほど歩いた。

竹瓦温泉の前で、唐破風模様の屋根や共同湯の木造建築の特徴などを学生さんたちに教えた。

傍のベンチにご婦人おふたりが寛いでいた。おふたりは首からタオルをかけて、うちわであおぎ、横には石鹼やシャンプー、リンスのお風呂道具一式が入った洗面器が置かれてある。

見るからに、竹瓦温泉のベテランさんである。

ふと、思いついた。

私の解説などより、毎日この湯に入られているベテランさんの言葉の方が、学生さんには説得力があるのではないか。

こういう共同湯に通うベテランさんは、もはや温泉仙人の域に達しており、かつお湯については実に雄弁である。

そこで失礼ながら、いきなりカメラを向けて話しかけてみると、やはり動じる様子は一切なく、リラックスした表情のまま、なめらかによく喋ってくださった。

おふたりとも家にお風呂はあるが、入ることはほぼなく、毎日、竹瓦温泉に来ているそうだ。

事前の仕込みはないから、予定調和も一切ない。

ズバリ、本音が噴出する。

おひとりが、「私はね、内臓の癌を切除して、いま療養中」とおっしゃるので、私が「やはり、温泉は術後の傷痕や体力の回復に効果ありますか？」と訊ねると、

「そんなの、ない！」と、きっぱり。

温泉を教える授業中だというのに、この方は何を話し始めるのかと、次の展開が

やや不安になったが、話を遮ることなくそのまま聞いていた。

「脳梗塞もした。大腸癌もして、今度は膵臓。医者には『外科のデパート』なんて言われているけど、でもこの通り元気だよ。それは毎日この温泉に入っているからで、傷跡の回復？　そんなの問題じゃない。ここに入ってなかったら、もう、とうにくたばってるよ。今年、89歳！」

パワーみなぎる口調で温泉の効果を言い切る姿は、もはや天晴《あっぱれ》！

「す、すごいです！」と私は叫びつつ、そのままインタビューを続けた。

共同湯に入る時のマナーを学生さんに教えてもらえないかとお願いすると、

「地元の人と挨拶を交わす」

「熱いお湯を勝手に薄めない」

「人にお湯がかからないようにする」

と、3か条を示してくださった。さすが温泉仙人、実に明解である。

授業後の学生さんたちは、おしなべて好反応！

「初めて体験する授業スタイルだった。観光を学ぶなら、現地からの中継は理にかなっている。今後もこのような授業を期待する」が主な感想。9割の学生さんは「地元の人の話が聞けたことが大きな収穫だった」と私の意図を受け止めてくれた。

温泉は、ただのお湯。

そこに人が入ってこそ意味を成し、人が恩恵を受けた結果として、産業につながる。温泉を語る場合は、利用者のリアルな声が最も響くのだと、私自身も再認識する好機となった。

野沢温泉で知った「人にもたらす温泉の力」

長野県野沢温泉の至る所で、岡本太郎直筆の「湯」の文字を見かける。それは町中にたなびくのぼりや、パンフレットや公式タオルにも使用されていて、野沢村ではこの文字を大切にしていることがわかる。

墨で書かれた「湯」の文字は野太く、力強く、情熱的。特にサンズイの部分が先に細く伸びていく様は蜘蛛が足を伸ばしているようにも見えて、どこか原始的。とにかく一度見たら、脳裏に焼き付く個性際立つ文字である。

ずっとこの文字が気になっていた。

一般的にイメージされる「癒やし」とは対極にある、パワーをもって訴えかけてくる「湯」だからだ。

「太郎さん、なぜ優しい文字で表現しなかったのですか」と感じたのだ。

だが、温泉エッセイストとして25年もの経験を積んだ今だからこそ、そのわけがわかる。

岡本太郎は「湯」というひと文字で、野沢温泉の全てを表現したのだ。直観的に野沢温泉を捉え、端的に表現したのだろう。

地元の人に怒られる

初めて長野県野沢温泉に行ったのは1998年頃だろうか、温泉取材の経験もさほどなかった。

温泉街の中心に堂々たる構えで、共同湯「外湯」の象徴というべき「大湯」がある。江戸時代の湯屋建築を再現した木造の建物で、扉の正面に、薬師三尊が祀られている。

重たい木の扉をガラガラと開けた。

湯がドンとある。

脱衣所と湯船が一体となっていることに、意表を突かれた。

広い浴場の壁側に棚が設置されていて、足元にはすのこが敷かれてある。ここで服の脱ぎ着をして、衣類や持ち物は棚に置く。

湯船は「ぬる湯」と「あつ湯」の2つ。ちなみに石鹸やシャンプーなどは置かれておらず、持参しなければいけない。

ひとり、先客がいた。

「ぬる湯」の湯船の横で、かけ湯をしようとしたが、アチ――――!!

「あつ湯」はもっとアチチチ――――!!

とても入れる温度じゃない。

湯船についている蛇口を開けて、水をジャンジャン入れた。

「なに、薄めてるんだい!」

罵声が飛んだ。

先客は怒っている。

彼女はその、私がアチ――!! と感じた「ぬる湯」に、悠然と入浴している。

これが最初に経験した野沢温泉である。今から思えば、野沢温泉での洗礼だったのだろう。

どうして怒られたのかを説明しよう。

野沢温泉には13の「外湯」がある。

大湯（惣湯）、河原湯、秋葉の湯、麻釜《おがま》の湯、上寺湯、熊の手洗場、松葉の湯、中尾の湯、新田の湯、真湯、滝の湯、横落の湯、十王堂の湯。

これら「外湯」は、江戸時代から続く湯仲間という制度で、「地縁団体法人野沢組（惣代）」によって運営と管理がされている。一説には「惣代は、村の役場や村長さんより力を持つ」と聞いたことがある。

それぞれの「外湯」は、みな地元の人が掃除をして、いつ行ってもゴミひとつ落ちていない。

観光客用の施設ではないから入浴料は取らず、入口に賽銭箱が設置されている。いわば、地元の人の「家のお風呂」のようなものだ。そりゃ、外からやって来た私が、許可もなく水を出して薄めたのだから、怒られる。

怒られる理由は、もうひとつある。

野沢温泉の源泉は全てが天然にお湯が湧き出る「自然湧出」というタイプ。人工的に掘削したり、ポンプアップといったことはしていない。

そもそもそういった技術や機械は、近代が生んだ文明の利器である。だからこそ野沢温泉は、温泉の本来あるべき姿を貫いている。忠実に守るべき資源を守り通す。それゆえ、ふんだんに源泉掛け流しが可能となる。

温泉とは、源泉から湧き出て、湯船に注がれるまで時間の経過と共にお湯の劣化が始まる。泉質によっては劣化しにくいものもあれば、一気に進んでしまうものもある。劣化が進むと、成分や泉質そのものが変化してしまうことも、ある。

「少しでも源泉に近い状態で、新鮮な状態で」を保つことが大変重要なのだ。だから、温泉を水で薄めたことへの怒りにつながる。

この頃はまだ温泉に対しての知識が浅く、今思えば、実にお恥ずかしい行為であった。

外国人観光客と一緒にアチ——!!のお湯へ

野沢温泉の「大湯」では、数々の出会いがある。

あれは、2000年代前半だった。

この時は、私が先に入浴していた。

扉が開いて、その音の先に視線をやると、浴衣姿の金髪の女性外国人だった。

もちろん凝視はしないものの、彼女が浴衣を脱ぎ、「ぬる湯」に入ってくる気配がした。

脱衣所と湯船が一体化した浴場に驚いていない様子からして、再訪なのだろう。

ただ、このお湯の温度、外国の方は大丈夫だろうか——。

どう見ても、こりゃ、熱すぎるだろ。

しばらくして彼女に目をやると、「ぬる湯」に入り、身体を真赤にしながらも、目をつむり感じ入っている。恍惚とした表情に見えるが顔全体に汗が浮かんでいた。

彼女が目を開けた時に、話しかけてみた。

「いかがですか？　お湯は熱くないですか？」

間髪を入れず、彼女は「ホット！」と叫んだ。

それでも「この木組みの浴場やお湯の温度にこそ、日本人のソウルを感じる」といった感想を私に話してくれた。

私は彼女に、温泉そのものを忠実に守っている野沢温泉のポリシーを説明したが、私の語学力で正しく伝わったかは、定かではない。

彼女はオーストラリアからスキーをしにやって来て、野沢温泉に2週間滞在しているという。

この頃から、スキーヤーの外国人観光客が野沢温泉に大勢訪れていた。

令和6年度の訪日客消費額が過去最高8兆円という数字が話題になったが、野沢温泉には、インバウンドなんて言葉が定着する前から外国人観光客が多数いた。もともと1998年の長野冬季オリンピックを契機に、外国人観光客を受け入れる整備が進み、積極的に受け入れてきたという素地があったからだ。

近年、「温泉文化」をユネスコ無形登録文化財に登録へという機運が高まり、2028年の早期登録を目指して、温泉地のみなさんが活動をされている。

日本の「温泉文化」と言っても、一言で言い表すことは難しい。

ただ、こうした古式ゆかしい温泉管理が、世界に誇る日本の温泉文化のひとつであるのは間違いない。

したがって、訪日客が入りやすいようにと、お湯の温度を下げる必要もないし、利用しやすい脱衣所などを設置する必要もない。

地元の方に無断で水で薄めるなど、言語道断！（「どの口が言う」ではある）入浴しやすい浴場ならば宿にあるのだから。

温泉と共に生きる、豊かな野沢温泉村

２０２４年の晩秋、里山が紅葉で美しくなる頃、久しぶりに野沢温泉を訪ねた。この時は仕事だったから、ひとり温泉は隙間時間に愉しむ程度だったが、またもや、野沢温泉の底知れぬ力を見せつけられた。

野沢温泉は、北陸新幹線飯山駅が最寄り駅。飯山駅からは直通バスの「野沢温泉ライナー」に乗って約25分で到着。バスターミナルから温泉街の中心まで、歩いてすぐ。

この日はガイドさんが付き、温泉街と里山を歩くことになっていた。会議が中心の仕事だったので、足元はかろうじてスニーカーだったが、多少はカジュアルながらも、基本はビジネス服。散策と思いきや、軽いトレッキングで、寒い日だったのに、背中には滝のような汗をかいた。

途中、野沢村を一望できる場所があった。

三方を山に囲まれていて、その山のひとつの毛無山にブナ林が広がる。

「ブナ林は地中に水をたくわえ、湧き水となるのは30〜40年、温泉となり自然湧出

するのは50年ほど。豊かな水が野沢村を潤します」とガイドさんが説明する。

村で暮らすのは3000人。村の先には千曲川が流れている。スキー人口が高く、住民数に対して、16名ものオリンピアンがいるという。

「村の人は、きのこや山菜を採りに山に来る。山は貯蔵庫ですね」とガイドさんが言った。「きのこは毒きのこを覚えるのではなく、食べられるきのこを覚えた方が早い」と、熟知している。

トレッキングを終え、村に降りてきた。

温泉街の真ん中の「麻釜」から温泉が湧出している。30ほどの源泉のひとつで、90度以上のお湯がこんこんと湧き出る。

里山と共に生きる野沢温泉の人たちにとっては調理器だ。地元の人が野沢菜を湯がき、卵を茹でていた。

もちろん度々訪問していたので、全て知っていたことだが、野沢温泉村の全景と、その先に千曲川が流れる光景を俯瞰すると、温泉と水と野沢村の人たちの豊かな暮らしをあらためて実感できた。

軽いトレッキングや村の散策とはいえ、急なアップダウンの連続で、ほんの数時間だったが、足腰がガくがくしてきた。

もう、歩けない――。

外湯の「真湯」に、どっぽ～ん。

45度以上あるであろう、熱い湯にひいひい言いながらも、徐々に身体が馴染んできて、しっかり浸かると、ぴりぴりっと刺激がある。

ふ～～～～。

その後、また20分ほど歩いて、この日の宿まで戻った。

名湯湧く地に、名水あり！

この日に泊まった宿のオーナーが、「僕はここの水が一番おいしいと思っています」と、宿の前の湧き水を飲む。

「ん？　硬水？」と呟くと、すかさず「軟水です」と指摘してくれる。

確かに、野沢温泉は総じてアルカリ性のお湯が特徴だから、軟水か。舌にミネラルが残り、嚙み締めつつも、ごくごくっ。

オーナーが続ける。

「野沢温泉村はブナ林があり、温泉と同様に湧き水も豊富なんです。滞在中は、野沢のおいしいお水をたくさん飲んでいってください」と。

野沢温泉村は水の谷なのである。

この湧き水を飲んで、近隣の「秋葉の湯」や「松葉の湯」にせっせと入浴した。

こうして宿泊した翌朝が、この本の「はじめに」で綴った朝の様子である。

全く前日の疲れが残っていなかった。驚くほど、身体が回復している。


ここで、冒頭で記した岡本太郎の「湯」の文字の話に戻ろう。

野沢村の人が大切に管理している活き活きとしたお湯を、書で見事に表現した岡本太郎は野沢村の道祖神祭り、火祭りも大好きだったという。

道祖神とは、災厄の進入を防ぐ神であり、子供の成長や子宝を祈願するなど、全国に広く祀られている民間信仰の神のことだ。例年、小正月に火祭りを行う道祖神祭りは、国の重要無形民俗文化財に指定されている。

野沢村においては、道祖神祭りの総元締めも野沢組の惣代であり、激しい火祭りの攻防戦において、最初に火を付けるのも惣代だ。火祭りも、外湯の管理と同様の組織で成り立つ。

ごうごうと燃え盛る火を前に、野沢村の男たちの血が沸き立つ。

岡本太郎の定宿「さかや」のご主人から、岡本太郎が晩年にも火祭りを見たさに野沢に来たという話を聞いたことがある。

「湯」の文字は、この火祭りをも表現しているのか――。

ならば人が生きる根本である水と火を融合させて、岡本太郎は「湯」のひと文字で表したのかもしれない。

野沢温泉に興味を持たれた場合、ひとつ注意点を挙げておこう。野沢温泉を体感する旅をするならば繁忙期の冬ではなく、むしろ閑散期の春から秋に訪れて欲しい。世界中からのスキーヤーで混雑していては、地元の人たちも大忙しで、相手なんてしてくれない。ましてひとり温泉で内省なんて、できやしない。

十勝岳温泉で知った「活火山よ、ありがとう。湯守に感謝」

思いもよらぬ旅先の出会いや出来事から、知的好奇心が募る旅となることが多い。

北海道旭川市の高砂台にある純和風の旅館「扇松園」（大浴場は地下水を温めた

お湯が張られていて、温泉ではない）の食事処を兼ねている「蕎麦処　そば扇」で、名物・江丹別産のそばで作られたそば寿司に舌つづみを打つ。さっぱりと酢が効いた巻きものだ。

食事フロアの一角に、額縁に入った直筆の文書を見つけた。

この文書は、生涯を旭川で過ごした作家の三浦綾子さんのもので、「扇松園」は三浦さんご夫妻がよく来ていた宿だったのだ。

「扇松園」の女将は三浦綾子さんと交流があった。

「ご夫妻、とっても仲が良かったんですよ。いつもおふたりでおそばを食べておられましたね。お好きなら三浦綾子記念文学館に立ち寄られたら」と勧めてもらった。

三浦綾子さんと言えば、私は『氷点』しか読んでいなかったが、まだ小学生の頃、読みやすいながらも、子供にとっては難解なテーマを読破できたと、子供ながらに「大人の読書」の自負を持てた作家である。

女将が「まゆみさん、ぜひね、三浦綾子さんの『泥流地帯』も知って欲しいわ」と付け加えた。

勧められるままに三浦綾子記念文学館に行くと、平日の日中でも多くの人がいた。中には車いすユーザーの方もいて、展示をゆっくりと眺めている。

女将が言う『泥流地帯』とは、1926年5月24日の十勝岳噴火とそれに伴う火山泥流によって、町が壊滅した様を描く物語。

三浦綾子にとって、口述筆記を手伝ってくれた夫の光世から持ちかけられて、その夫をモデルとして書いた小説である。光世は噴火の時に上富良野にいて、泥流災害による甚大な被害を体験していた。

当時の写真が多数残っているが、最も有名なのは、一面泥流に覆われた中で、腰まで浸かりながらも、自転車を引き揚げようとする人の姿。この1枚を見ただけでも、不屈の精神が想像できる。

「大切なご主人から聞いたリアルな話をベースに書いていますから、他の作品とは一線を画します」と学芸員の方からの説明があった。

この時はまだ、分厚い文庫上下2巻の『泥流地帯』を読めてはいなかったが、温泉を専門としている私としては、興味深い作品だ。

活火山における光が「温泉」なら、影は「地震」。最たる影は噴火による「泥流」だろう。

三浦綾子記念文学館で資料を見てから、十勝岳周辺の温泉に向かうと、何か、いつも以上に温泉への想いが募った。そうした自然環境のもとで入浴できる温泉のありがたさに、胸が熱くなる。

十勝岳周辺の温泉と言えば、かねてより、旅館「凌雲閣」を何度か訪ねていた。北海道でもっとも高所の露天風呂があり、春はまばゆい緑が、秋には燃えるような紅葉が、冬は雪で露天風呂周辺が覆われる。

いわゆる絶景温泉である。

その華やかな風景と対比するかのように、湯船には赤茶けたお湯が張られている。この赤いお湯は少しぬるく感じるが、のんびりと景色を眺めるにはちょうどいいし、非常にあたたまる。

写真に収めれば、実に派手やかな露天風呂。何度となくポスターやガイドブックのカバー写真に採用された。


町から十勝岳温泉に向かう途中、真っ青な空に白い煙が立ち上っていた。

『泥流地帯』の作品を知って間もないから、その噴煙を目にして、過去の出来事を想像して、少し身構えた。

「凌雲閣」へは10年ぶりの再訪だった。現在社長を務める青野範子さんが迎えてくれた。彼女は十勝岳の散策におけるネイチャーガイドでもある。

青野社長は大事なアルバムを開きながら、「凌雲閣」を開業したおじい様のことを話してくれた。

アルバムには上総掘りで掘削している写真や、温泉が湧出し最初に入浴している青野社長のおじい様の姿もあった。

まさに、開拓者である。

青野社長が「最近、いいお部屋を作ったの。見ますか」と教えてくれたので、見学させてもらった。

和室8畳の部屋でトイレは共同だった記憶だが、改装後はベッドを入れたデザイン性の高い部屋も。部屋から眺めると、十勝岳が悠然とそびえる。

その後、テラスに案内してくれた。

十勝岳はもくもくと噴煙を上げていた。

「私、アルプスの少女ハイジじゃないけど、日本のハイジなんです。ここで生まれ育ちましたから」と青野社長は笑った。青野社長と話をすればするほど、彼女に惹かれたのは、この宿を守ってきたという気高い自負を感じたからだ。

活火山と共に生きたおじい様。日焼けした顔に満たされた表情を浮かべる青野社長。こうした血でつないだ宿の主である青野一族が十勝岳温泉を守っている。

十勝岳の麓の上富良野町では、泥流から100年を機に『泥流地帯』の映画化を進めているそうだ。

十勝岳と十勝岳温泉のいい関係

まず最初に温泉のなりたちを説明しよう。

温泉は地上に突如現れた事象ではない。

雨や雪が地中に染みこんでできた地下水が、なんらかの熱で温められて、再び地上に湧いてきたのが温泉だ。そのサイクルは40~50年とも言われている。

火山活動の恩恵を受けた「火山性の温泉」と地熱で温められた「非火山性の温泉」に分類されるが、「火山性の温泉」は火山のパワーをダイレクトに受けた力強い温泉だ。

十勝岳周辺に湧く温泉は、まさに十勝岳の火山活動の賜物。

十勝岳の周辺では白金温泉、十勝岳温泉、吹上温泉などが代表的な温泉である。

この場合、山などに降った雨や雪が地中に染みこんでできた地下水が、活火山の地下深くにある高温のマグマだまりの熱で温められる。マグマから出る高温のガスや熱水が混入したり、地下の岩石の成分が地下水に溶け出し、さまざまな成分が蓄えられて温泉が作られる。

十勝岳温泉を再訪した後、十勝岳周辺に湧く温泉と地質の説明を受ける機会に恵まれて、さらに成り立ちを詳細に知ることができた。

十勝岳温泉「凌雲閣」は2本の源泉を持っており、水素イオン濃度（pH）は片方は酸性、もう片方は中性を示す。

いずれの源泉も地下水にマグマ由来の火山性ガス（酸性）が溶け込んでできた温泉である。

酸性泉の方は自噴しており、温度が低い。これは比較的地下の浅い層から湧出したと考えられる。

中性を示す源泉は、地下数百メートルまで掘削しポンプアップしている。これは長い年月をかけて、酸性の温泉水と地下の岩石の成分とが化学反応を起こし、中和されて中性に近くなったと考えられる。

また赤茶けたお湯は、成分に鉄分を多く含み、空気と触れることで空気中の酸素と鉄分が反応し、色が赤茶けるというサイクルになっている。

——との説明を受けた。

日本各地、ひいては世界各地の「火山性の温泉」に入ってきた私は、近くで火山がゴボゴボという音と共に噴煙を上げる光景を眺めながら入浴をしたこともある。「火山性の温泉」とは概ね高温で、酸性泉か硫黄泉が多かったように記憶している。入浴中はぴりっと肌に刺激を受けることが多く、目が覚めるようなパンチを感じる。

ところが、十勝岳周辺の温泉は逆にぬるめの温泉が多く、安心してじっくりと入浴できる。さらに血管拡張作用が期待できる鉄分を多く含んでいるので、ゆっくりと温まることでより効果を発揮するタイプなのだ。

だから「火山性の温泉」であっても、活火山の十勝岳が生んだ温泉は「人に優しいソフトな温泉」という印象を受けた。

『泥流地帯』の激しさとは一転、温泉は優しい。

ちなみに、火山活動と温泉の関係性を科学的に調査しているのは、神奈川県箱根の大涌谷と周辺の温泉、群馬県白根山と草津温泉、そして十勝岳周辺の温泉などが挙げられる。火山活動が活発になると温泉が酸性に寄り、お湯の温度も高くなる傾向のため、火山（噴火）活動の予知にもなるので、温泉を常に観測しているのだ。

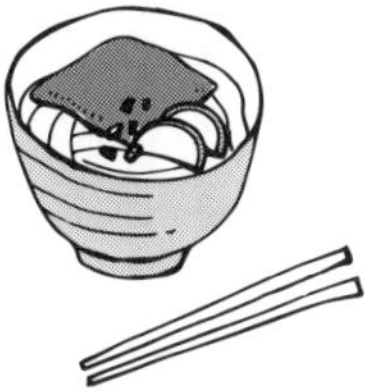

Column
名物料理をぱくぱくぱくぱくっ

一の湯豆腐

箱根駅伝の選手が走る国道一号線、早川のたもとに文化財の宿・箱根「塔ノ沢一の湯本館」がそびえる。一の湯豆腐は箱根の豊かな伏流水を使っていて、滑らかな舌触り。豆腐にのっている餡は、風味豊かな優しい野菜のとろみが嬉しい。素朴な味は飽きることなく、ほっとさせる。箱根には一の湯グループの宿が9軒あり、その全てでいただける。名物会長・小川晴也さんが考案したものだ。

お茶会席

宿の客室に置いてあるお茶と菓子を味わってからお湯を頂戴するのは、入浴前のエネルギーと水分摂取の理にかなっている。ビタミンCを含むお茶は美肌効果を発揮するため、私は必ず緑茶をいただく。茶の郷である佐賀県嬉野温泉の美味しさは格別で、特に「和楽園」のお茶会席は茶葉をアレンジしたコース料理でおすすめ。茶はどんな料理でも邪魔をしない。飲んで食べて、美肌へと変身。

陳皮が入ったうどん

コロナ禍の旅館では免疫力を上げる料理が百花繚乱。中でも神奈川県湯河原温泉「おんやど恵」が「栄養価が高い」と提供する「フォアグラ大根」は豪勢にして美味。また漢方に用いられる陳皮を薬味にしたうどんも記憶に残る。シンプルなうどんに黄や赤のパウダー状の陳皮をふりかければ、お客の身体を慮る絶妙なひと品に早変わり。これこそホンモノのおもてなし。

すみれ漬

大正12年創業のお肉屋さん「米沢牛の黄木」のお嬢さんが温泉宿「すみれ」を営んでいる。夕食は米沢牛1頭を仕入れてさまざまな珍しい部位をフルコースに。さすがのバリエーションで旨い。最も記憶に残るのは「すみれ漬」。吟醸味噌酒粕の中にモモ肉を漬け込んだ昭和25年からの伝統の味だが、噛み締めると弾力はあるが柔らかく、味噌と麹の甘い匂いが口に広がる。

開運パイシチュー

山形県かみのやま温泉の名旅館「日本の宿 古窯」の開運パイシチューは、パイが陶器の上面を覆い、生地を崩すと、牛肉と野菜がごろんと入ったビーフシチューが現れる。デミグラスソースは濃厚で味わい深く、出汁がきいた和の風味だからご飯が欲しくなる。割ったパイがシチューに落ちて染みこむと、ふにゃふにゃに。とろける生地は忘れられない味となり、これはリピーターを生むだろう。

第5章

「おいしいひとり温泉」を求めて日本と世界を歩く

＊本章の原稿は2023年1月〜2025年1月の間に『味の手帖』（株式会社味の手帖）にて連載された原稿の一部を改稿したものに、書き下ろしを加えました。

太陽の恵みを受ける宮崎で冷や汁とスナックを楽しむ

（宮崎県・青島温泉）

訪ねる度に感じていたが、宮崎の人はよく笑い、よく喋る。人懐っこいし、おおらかさがある。実に明るく開放的。

雪に閉ざされ、春の訪れを待ちわびながら冬を越す、私のふるさとである忍耐強く実直な越後の人とは明らかに違う。

やはり風土は人を育てるのだろうか。

宮崎は空港からして異なる。花の名前が付く「宮崎ブーゲンビリア空港」には、「日向神話」をテーマにした壮大なステンドグラスがターミナルに設置され、南国リゾートが体感できるように1年365日、ブーゲンビリアをはじめ季節の花や緑を楽しむことができ、いつも花の香りがする。

空港から日南方面に車を走らせると、道路中央には背の高いヤシの木が並び、青空に向けてヤシの葉を元気いっぱいに広げている。燦々《さんさん》とした太陽の光は眩しい。かつて「日本のハワイ」と呼ばれ、ハネムーンに大人気だった宮崎県らしさは今も変わらない。

昭和30年代後半から50年代初頭にかけて、ハネムーン先に選ばれたのが青島温泉だった。青島温泉が湧く日南海岸は、九州屈指の日の出スポットとして、ビーチサイドにもヤシの木がそびえ立ち、昭和40年代には各ホテルや旅館に温泉が引かれたこともあって、ハネムーン利用が加速したという。

南国の宮崎に、温泉のイメージはさほど強くないだろうが、海岸沿いの青島温泉から、鹿児島との県境近くの山間部に湧く霧島温泉郷や白鳥温泉まで多彩だ。山の温泉は秘湯ムードを醸し出す。

ちなみに、一世を風靡した「フェニックス・シーガイア・リゾート（宮崎シーガイア）」は現在シェラトングループが保有していて、ここにも濃い湯が湧いている。塩化物強塩泉といって、太古の海水ゆえにナトリウム濃度が高く、保温保湿力がずば抜けている。こってりと、とろっとしたお湯はぐんぐんと身体を温める。湯上がりに服を着ても、しばらく汗がひかなかった。

今回は「フェニックス・シーガイア・リゾート（宮崎シーガイア）」に2泊した

が、大海原を照らす陽光とヤシの木を眺め、リゾート気分でありながら温泉に入った。もしハワイで温泉に入れたのなら、こんな感じなのだろうかと楽しい空想をしてしまうような、実にエキゾチックな温泉入浴の体験だった。越後で、しんしんと雪が降り積もる中でお湯に入るのとは違った魅力だ。

おいしいもの三昧の旅でもあった。

宮崎県の食料自給率（生産額ベース）は281％だそうだ。全国平均は66％というから、宮崎県の食がどれほど豊かかは一目瞭然。

この日の晩は、「宮崎のひととおりの食体験ができるので」と地元の方が案内してくださった「ふるさと料理　杉の子」へ。

お刺身の皿に立派な伊勢えびの活き造りが置かれ、横に柑橘系のかぼすのようなものが添えられていた。宮崎県のローカル柑橘「平兵衛酢《へべす》」で、かぼすやスダチによく似ているが、わりと大ぶり。皮が薄く、タネがなくジューシーだから絞りやすかった。かぼすほど酸味は強くなく、爽やかさが気に入って、お刺身の皿が下げられたあとも残しておき、サラダにもひと絞り。必須アミノ酸9種類のうち8種類が含まれるという、太陽の恵みを受けた宮崎の特産物なのである。

地鶏は歯ごたえがありながら、やわらかい。噛み締めると、香ばしい汁が出て、旨味が後をひいた。

満を持して登場した冷や汁！

煮干しにした小アジの頭と内臓を取り除き、空煎りした煎りゴマと焼き味噌と一緒によくすり合わせ、だし汁でのばす。冷ましてから、青じそ、キュウリ、豆腐を細かく切って、麦の入ったご飯の上にかける。この冷や汁を全国的に知らしめたのが「杉の子」だ。酸味と味噌のコク、熟成されたチーズのようなカツオ節の旨味が渾然一体となって舌の両脇がきゅんとなり、麦の入ったご飯を混ぜて、あっという間に完食。

デザートは栗のシャーベットと栗の甘皮煮。

夕食後は、「杉の子」から歩いて、宮崎市の繁華街・ニシタチに移動。500〜600軒のスナックがひしめく一画だ。ニシタチスナック初心者は「スナック入り口」へとのことで連れて行っていただいた。ニシタチのスナックは一軒2000円ほどで、夕食を摂り、2軒ほどのスナックを巡って1万円前後という。愉快に飲む場を愛する宮崎の人たち。なるほど明るい人柄になるだろう。

（2023年1月掲載）

みかん狩りできる北限
文豪も愛した湯河原温泉

（神奈川県・湯河原温泉）


温泉や旅館について書いてきて、かれこれ25年になるが、私は温泉と旅館しか見ていなくて、それ以外はあまり目に入っていなかったことを思い知る体験をした。

神奈川県湯河原温泉は首都圏の奥座敷。万葉集にも出てくるし、かの二・二六事件では東京以外で唯一の現場になるほど歴史的エピソードにも事欠かない。

湯河原温泉は、箱根や熱海といった規模の大きな宿が並ぶ大型の温泉地とは一線を画し、規模は小さく上品な旅館が多い。だから温泉が好きな人が静かに滞在したいという理由で選ばれやすい。それは小林秀雄や水上勉などが奥湯河原の名旅館「加満田」での時間をこよなく愛したことからも明らかだろう。

こぢんまりとした温泉街ながらも、神奈川県と静岡県の両方にまたがり、狭いエリアで１００本もの源泉を保有する。２０００年代にスタートさせた温泉の源泉の集中管理は、全国でも先駆けとなった取り組みで、地下から温泉を引き上げ過ぎて、源泉を枯渇させないという理念は、今でいうSDGsに該当する。

お湯は手の平で転がすと、踊るように生き生きしているのが特徴で、とろっとした化粧水のような肌触り。湯上がりには卵肌になる。

旅館オーナーとも親しくさせていただいている。「加満田」の女将は博識でかくしゃくとしている女性。「おんやど恵」の室伏学社長は長年、バリアフリーにも取り組んでこられ、現在は旅館組合のまとめ役。

湯河原温泉をよく知るからこそ、私は広く知られて欲しいと前のめりになる。とある仕事で、湯河原町の役場の方に案内してもらったのだが、私は「湯河原なら私も案内できます」と、大口を叩いていた。

役場の人がみかん園に向かった。

えっ、みかん？　湯河原で？と動揺する私に、「みかんというと温暖な四国などを思い浮かべるでしょうが、湯河原はみかん狩りができる北限です。温暖な気候と海からの潮風で甘いみかんが採れます」と教えてくださる。

急斜面にたわわに実るみかんの畑を前に、マスクを外すと、新鮮な空気が身体に入ってきた。みかんの香りに、なんだか泣けてきた。

みかんはもぎたてが瑞々しいと聞いていたが、果実以上に、木からもいだ時に弾ける鮮やかな香りに、心底気持ちが潤った。コロナ禍の鬱陶しさを一掃してくれ、鼻孔とみかんをむいた指先に香りが残り、いつまでもみかん心地に酔いしれた。話題と言えばコロナばかりの昨今に嫌気がさしていたし、少々心が参っていたことに私は気づいた。

「湯河原でみかん狩りができるのは10か所で、100種類ものみかんが採れます。今日は『早生《わせ》』と『青島』が食べられます。1月下旬から4月下旬まで出回る『スルガエレガント』も食べに来てください」と市役所の方が説明しながら、小屋を指さした。

「みかん貯蔵庫です。あの中にみかんを10日〜2週間置けば、糖度が増します。東海道線のオレンジとグリーンの車体はみかんカラーですし、町の花はみかんの花です」

この時のみかん園の入場料は400円で食べ放題。みかんのお土産付きで1100円。心身のバランスを取り戻すには最高なひと時、安いものだ。

いやいや、これまでみかんを全く気にしてこなかった自分が恥ずかしい。

温泉街や湯河原駅構内のコンビニでは「みかん最中」ののぼりが目に入ってくる。

その「みかん最中」は、和紙で個包装されていて、封を開けるとみかんを輪切りにした形の最中が2つ入っている。「仲良くふたりで分けあって」という製造者からのメッセージだという。

北海道産の白いんげん豆で作ったあんはほどよい甘さ。そこにマーマレードのジューシーな酸味が加わり、甘酸っぱさが口に残る。リアルみかんではないが、確かにみかんを思わせる。

さらにである。なんと旅館でみかん狩り体験のオーダーを受けることができるというではないか。これまで宿泊した時に、なぜ目に留まらなかったのだろう……。

さて、この時の仕事は、湯河原のロケ弁作りのサポート。首都圏から1時間ほどと利便性がよく、風光明媚ゆえ、湯河原では映画やテレビ番組のロケが多数行われている。そうしたロケ隊に、湯河原の名産を詰めた弁当を市内の飲食店11か所が用意し、提供する。観光客も購入できるのがポイントだ。そのロケ弁当には、もちろんみかんも入っている。

（2023年2月掲載）

名旅館と灯り効果のご馳走

（神奈川県・箱根強羅温泉）

箱根強羅にある旅館「円《まど》かの杜」。

客室数20室の規模で、全室に露天風呂が付いており、館内は全館畳敷きでスリッパなしで過ごすことができる。

経営母体は飛驒高山の旅館で、「この国は木の国、森の国。だから木の香気に包まれると人は安らぐ」という考えから、「円かの杜」には鳥海山の麓に太古からそびえる神代欅《じんだいけやき》や杉や檜がふんだんに使われている。

先日、「円かの杜」の姉妹旅館「強羅花扇」がリニューアルしたので訪ねた。銘木をモチーフにしているのは「円かの杜」と共通で、やはり畳が敷き詰められており、素足で歩ける快感も同じ。日本特有の木や畳の魅力を表現しつつ、「強羅花扇」は光の演出に力を入れている。

吹き抜けのロビーには、天井から2メートルはありそうな提灯が下がり、そのまわりの壁や梁からも柔らかな光が放たれている。光源を和紙が優しくくるんでいる。

これらは京都に活動拠点を置く和紙作家の堀木エリ子さんの作品だ。堀木さんは、和紙インテリアの企画から制作、施工までを一手に手掛けているそうで、女将の松坂美智子さんが惚れ込み、旅館で使うことになった。

「堀木さんの工房まで見学に行ってきましたが、10人以上のスタッフのみなさんが1枚の和紙を漉《す》いていました。うちの灯りの和紙は1枚が5層になっているんです」と、ロビーだけでなく、食事処の照明も見せてくれた。

しばしご無沙汰だったこともあり、ご主人の松坂雄一さん、美智子女将から昨今の人手不足に悩む旅館事情を聞く。「強羅花扇」は外国人観光客も意識しての設えであることも知ると、いたく納得した。そうこう話していると、たちまち2時間半が経っていた。

露天風呂付きの客室に通してもらう。見晴らしのいいデッキに出ると、箱根外輪山の綺麗な峰々が澄んだ空の下、くっきり見えた。

客室には老舗音響メーカー「Technics」のワイヤレススピーカーが設置され、音楽評論家の立川直樹さん選定の音楽が楽しめる。木造りの宿は音響にもよいのか、音が丸みを帯びているように聞こえて、耳に心地よい。

冬は暗くなるのが早い。

瞬く間に夕食の時間となった。

食事処に行くと、和紙であしらった灯りは、昼に見学した時の印象とまた異なっていた。幾重もの和紙でさざ波を表しているのだろうか、光に濃淡が出ている。ふと窓の外に目をやると、立派な桜の木が見えた。春に再訪したくなる。

部屋に付いてくれた仲居さんが食事も提供してくれた。料理を並べながら「調光ができるんです。若い方でしたらある程度暗くして雰囲気を楽しまれますが、お年を召された方には手元を明るくした方が喜ばれます」と説明してくださった。

ほんのりとした光の下、料理を味わっていく。乾杯には梅酒を日本酒で割ったもの。先付け、椀物はヤガラと蕪餅と花びら茸が入っている。造里は鮪、クエ、水蛸、牡丹海老……。凌ぎはイクラ握りと続く。

白地をベースに色彩豊かな美しい器は女将の美智子さんが選りすぐっている。目が満足するという意味では、器も大事な演出なのだ。

高山の旅館が母体ということで、名物は飛騨牛ステーキ。陶板が置かれ、自分で焼いていただくのだが、陶板はひとつずつ手焼きのオリジナル。「じゅうじゅう」と焼いていくと、飛騨牛から滴る脂がやわらかい光の効果でいっそう艶やかに。これが本物のシズル感というものだ。

灯りとは、なんて大切なのだろう――。

昨今、料理がSNS映えするように意識してか、レストランをはじめ、どこもかしこも光が強すぎると感じていたので、「強羅花扇」のほのかな灯りにほっとする。灯りも微妙な加減で、こんなにも受ける印象が変わるのだ。

人手不足の悩みはどの業界も抱えており、まして宿泊業は深刻。それでも私に付いてくれた仲居さんは食事中におしぼりを4回も替えてくださるきめ細やかさ。ひとりの客に手間と時間を惜しまないのが素晴らしい。

ちなみに、仲居さんが着ていた着物は単なる仕事着ではなく、ベージュの色無地に菊をデザインした絵柄の帯を締めており、優雅であった。ただただ目を楽しませてくれる「強羅花扇」だ。

（2023年3月掲載）

高松、珍道中あれこれ

（香川県・高松温泉）

講演の仕事で香川県高松市に行ってきた。そもそも滞在が24時間に満たないタイトなスケジュールだったが、事情によりさらに弾丸旅になったのだ。

高松市内のホテルで16時45分からの講演に向けて、高松行きのフライト（羽田空港13時45分発・高松空港15時5分着）を予約していた。ギリギリで会場に到着するスケジュールだったが、羽田の出発ゲートで待っていると「15分遅れる」とアナウンスが流れた。講演には支障はないが、講演の依頼主にフライトの遅れを連絡した。

機内に入ってからも、いっこうに出発の兆しはなく、「機体整備のため、出発が遅れています」と度々アナウンスが流れる。しばし仕事をしていて、気づけば14時半だったがまだ出発せず。再度、その旨を依頼主に連絡。その後、やっと離陸し、機長の「時間をまいていきますので」という言葉を信じ、託したが……。「到着が16時になります」とのアナウンスを聞き、私は真っ青。高松空港から市内までの所要時間はバスで1時間、タクシーで45分。到着前に客室乗務員に相談をしたが、無論、到着を早めることにはならず、結局、高松空港からタクシーに乗ったのは16時5分。

あぁ、どうしよう……。

しかし神は見捨てず、運転手さんが道を知り尽くした大ベテラン。おかげで講演会場のホテルに到着したのが16時35分。講演の仕事の穴を開けずに済んだ。さっそくネタにして、講演のつかみでこの話をした。

と、ようやく心に余裕ができてトイレに行くと、右耳に付けていたパールのピアスがない！　ドタバタの中で落としたらしい……。

冷や汗をかき続けた一日も、宿泊先のホテルで入れる四国高松温泉で温まればオールオッケーだ。岩風呂の縁にはカルシウムと鉄分の湯の花が付着し、赤茶けていた。いい湯だ。乾燥する冬はいつも喉が不調だが、大浴場に何度も出たり入ったりするうちにすっかり回復した。温泉好きとしては、湯船の縁にこびりついたミネラルを見ると無性に嬉しくなる。

温泉効果か、この晩はよく眠れ、翌日は帰りのフライトまで少し時間があったので、朝食兼昼食にホテルの近くのうどん屋さんに立ち寄ることにした。高松に来たのだから、せめてうどんくらい食べて帰りたい。

その店はカウンター8席、テーブル3つの小さな店舗。壁には所狭しとタレントのサイン色紙が飾られ、メニューを見るとラーメンもあるではないか。

ジーパン、トレーナーにベスト、キャップを被ったカジュアルな装いの店主らしき若い男性が注文を取り、料理を作り、精算もする。

私は心に決めていた。ネットで評判だった「釜バター」を頼むぞ、と。

隣の初老の夫婦と店主の会話が耳に入る。

「ラーメン2つお願いします」

「うちはうどん屋なんで、ラーメン頼まれても後回し。うどんの方がいいっすよ」

「あ……、じゃ、○○うどんで」

店主に気おされた様子で注文を変えた夫婦を見て、じゃあなんでメニューにラーメンを載せたのだ、と疑問を感じていたら、私の注文の番が来た。

「釜バターひとつお願いします」

「釜バターは最近テレビで取り上げられただけ。うちは、かしわ天と決まっています。それも硬すぎない女麺ですから、冷たいの」

「あ……、じゃ、それで……」

初めての体験である。メニューから自由に選べない店は。店主のお勧めというよりは、それ以外の注文は難しかった……。あれ、でも少し席が離れた若いカップルは釜バターを食べている。彼女の笑顔を見て、ちょっと羨ましかった。

さて、かしわ天うどんが私のもとにやって来た。丼に拳骨よりやや小ぶりな鶏の天ぷら3つがのり、ネギとショウガ、大根おろしも添えられ、麺が見えないほど。かまわず汁をぶっかけた。麺にたどり着くためにしばらくかしわ天を頬張る。「うまい！」と店内に響く声をあげた。麺は歯ごたえより「つるん」と喉をすり抜けるのが心地良い。冷たい麺と汁の喉越しと熱々のかしわ天の食べごたえがいい塩《あん》梅《ばい》だった。

支払いの時、店主から「お客さんって、ボクが教わった国語の先生にそっくりなんす」と言われ、「恩師と重ねたから、自身の勝負作を食べさせたかったのね……」と納得できるようなできないような……。こんな旅もたまにはいっか。

（2023年4月掲載）

「寅さん」と締まったボディーの鯉のあらい

（佐賀県・古湯温泉）

「心の師は寅さん」と公言する時、あぁ、私は〝昭和の人間〟だなと思う。懐古的に語られる昭和も、2025年で100年となる。

近年、好きなタレントを「推し」と言うが、私の「推し」は「男はつらいよ」の寅さんだ。

寅さんを観ていると、笑って、泣ける。

寅さん自身が窮地に立たされていても、人が困っていたら真っ先に助けるあたり、おせっかいにも程がある。それでも歴代のマドンナたちは、必ず「とらや」へ御礼にやって来るのだから、人の役には立っている。少なくとも、人の心に寄り添っている。とは言え、映画で観ている分にはいいが、身近にいたら、ありゃ大変だぁ。

月刊『潮』の「宿帳拝見―『あの人』が愛した湯」という連載の取材で（後に『宿帳が語る昭和100年　温泉で素顔を見せたあの人』として刊行）各界の著名

人が滞在先の温泉宿で何を見て、何を食べ、宿のオーナーや女将とどんな会話を交わしたかを綴っている。

連載スタート時から〝寅さん〟を書きたいと虎視眈々《こしたんたん》と狙ってきた。もちろん渥美清の素顔を見てみたい一心からだ。「男はつらいよ」は旅をテーマとした映画だから取材先などすぐ見つかるだろうと思っていたが、語れる人が故人となっていたりと、意外と見つからず苦労した。

シリーズ42作「ぼくの伯父さん」は佐賀県が舞台となり、古湯温泉で最も古い宿「鶴霊泉《かくれいせん》」には渥美清をはじめ、山田洋次監督、吉岡秀隆、檀ふみ、後藤久美子らが滞在した。「鶴霊泉」の小池典洋社長は旧知の方ということもあり、いそいそと話を聞きに行った。

42作目の舞台が佐賀に決まった背景には、地元の少年と〝寅さん〟が織りなすサイドストーリーがあり、心を躍らせながら話を聞いた。

渥美清が宿泊した2階の部屋「喜寿」に私も泊まった。撮影隊が来たのは平成元年（1989年）だから、部屋はリニューアルされているものの、窓から見える風景は同じだ。畳の客室にはベッド2台が置かれていたが、龍や松の模様の見事な欄間はそのままで、モダンでありながら、どこか和風タイプで落ち着く。かつてこの部屋で渥美清が過ごし、私が眺める同じ風景を目にしていたかと思うと、しみじみと嬉しさがこみ上げた。

吉岡秀隆扮する、寅さんの甥の満男は浪人生だというのに、淡い恋心を抱いた後輩の及川泉（後藤久美子）を追いかけて名古屋、そして佐賀県へとバイクを飛ばすというのが基本ストーリー。

「鶴霊泉」での夕食は小池社長がご一緒してくださり、当時、子供心に刻まれた思い出を語ってくれた。また撮影隊に出した料理についても説明してくださった。

「うちの名物は鯉のあらいです。出演者にも、この有田焼の皿で出しました」

鯉の臭みを抜く工夫については、

「食用に育った鯉を仕入れ、生け簀に移し、温泉水の中で泳がせます。特に、食べる前の最後の1週間は水しか与えずに、鯉のうま味を引き出し、仕上げに氷で締めました」

臭みがないどころか、締まった身はほのかな甘みさえ感じる。酢味噌がついていたが、必要ない。香りづけにほんの少し柚子胡椒をのせた。

寅さんが食べる場面を想像しながら味わった。

小池社長の代になり、締めのしゃぶしゃぶ鍋も名物に加わった。佐賀牛と肥前さくらポーク、海鮮の3つから選べるのだが、私は佐賀牛にした。

佐賀牛を出汁にくぐらせ、甘み（みりん）と塩味（醬油）のつゆで食べる。

大皿には佐賀牛の他に、薄くスライスした大根や水菜、レタスが盛られてある。「鍋には、最初に大根を入れて、大根に火が通り踊ったら、牛を入れる。牛が浮かんだら大根と一緒に食べて」と小池社長が見本を示してくださった。大根の瑞々しいシャキシャキ感で牛の脂がほどよく中和される。牛と大根のハーモニーを堪能した後に、小池社長は最後にレタスと水菜を入れた。

「葉ものが肉の脂を吸い取るので澄んだ出汁になるんです。これで雑炊がおいしくできる。いつ来てもこの鍋が食べられる、そんな料理を提供したかったんですよ」と、社長としての料理のこだわりを話してくれた。

「鶴霊泉」の大浴場は多少の改修はしてあるものの、寅さんの撮影当時のままで名物の砂湯もある。湯船の底に砂が敷かれ、36度程のぬる湯を注いでいる。渥美清も入浴したはずだが、その様子は誰も見ていないという。

（2023年5月掲載）

富山県氷見で食い倒れ
寒ブリ、海鮮漬丼、鍋焼きうどん……

（富山県・氷見温泉）


私のモットーは「旅はおいしい！」。

2023年もそろそろ折り返し地点に差しかかるため、上半期のおいしい旅を思い起こすと、すぐさま浮かんだのが1月に2泊3日で富山県の氷見を訪ねた時の出来事だ。

厳冬の日本海から冷たい風が吹き付けるだろうと、ダウンコートを用意したが、到着してみれば汗ばむほどの陽気で晴天。

旅を生業《なりわい》としている私の最大の才能は「晴れ女」であること。またもやその力を発揮したのだろうか、地元の人から「こんなに鮮やかな立山連峰は年に数回しか見られない」と言われ、ツイッター（現在はX（エックス））でも「立山連峰」とタグ付けされた美しい写真が溢れた。

氷見からだと手前に富山湾が広がり、その奥に立山連峰を望む。真っ青な空と海に挟まれた、雪化粧した山々。色彩のコントラストが効いていて、鋭い峰は天空を突き刺すようだ。神々しい。思わず手を合わせた。

しかしこの旅も、よく食べた。

思いつくままに列記してみよう。

朝日が昇る前、「天然の生け簀」と呼ばれる富山湾を前にした氷見の魚市場へ向かい、寒ブリの競りを見学した。威勢の良い声が飛び交う激しい光景であったが、ぴかぴかで重量感ある立派なブリを見れば、その価値はすぐにわかる。

見学後は市場の２階の食堂で朝食を摂った。競り落とされたばかりの魚が届く、「富山で最も鮮度のいい食堂」と呼び声が高い。私は漁師の土鍋汁付きの氷見海鮮漬丼を注文した。

漬けには赤身のイメージがあったが、珍しく鯛やハタなどの白身の漬けが白米にのり、真ん中に女王の風格で華やかなボタンエビがいた。活き活きとした魚の身はこれほど弾力があるのか。ねっとりとした甘みまで！と舌が驚く。一口大のつみれが浮かぶ漁師汁も負けていない。潮の香りは魚の身以上で、食しながら私は興奮したようだ。同行した方が撮ってくれた私の写真を見ると、どこか底が抜けたような最高の笑顔をしている――。

次に記憶に残っているのは、お昼ごはんにいただいた鍋焼きうどんスペシャル。氷見で生まれ育った漫画家の藤子不二雄Ⓐさんの実家・光禅寺の近くのお店ゆえに、藤子さんが帰省の折に食べたというそのうどんは、大きな器に麵と卵黄のみがのっているかのように見えた。丼の底まで箸を刺すと「むぎゅっ」とした手ごたえ。何かあるぞ？　麵の下を探ると海老の天ぷら、しいたけ、紅白かまぼこやネギが潜んでいるではないか。具を引き上げて、熱々の麵と一緒にもぐもぐ。ちなみに光禅寺の廊下は藤子不二雄Ⓐさんの原画ギャラリーになっている。

お料理自慢の「みろくの湯の宿　こーざぶろう」では、林正之氷見市長（当時）や篠田伸二副市長、地元の名士のみなさんと夕食をご一緒した。お造りは、クエ、寒ブリ、マグロトロ、バイ貝、アオリイカ、甘エビ、白エビ昆布締め、昆布で締めたタラの子付けが並ぶ。これら全て富山湾で獲れたて。

感嘆する私に対し、「立山連峰からの雪解け水や雨水が森林を通って河川へ、やがて富山湾へ流れ込みます。有機質をたくさん蓄えた水は、海でプランクトンを培養し、魚のエサとなるわけですから、絶好の漁場環境です。氷見はブリだけじゃなく、どの季節もおいしい魚があります。富山湾には約６００種も生息しているんですから」と林市長はにっこり。

よく色がついたブリ大根、大きなブリかまの塩焼き、豆乳だしでブリをくぐらすしゃぶしゃぶと、ご馳走三昧で約3時間が経った。「おいしい」を共有すれば、心の垣根は取っぱらわれるものなのだろうか。名刺交換の時の緊張は瞬く間になくなり、最後は熱く握手を交わした。

「おいしい」は人と仲良くなれるマジックだ。

おっと、大切な温泉のことを飛ばしてしまった。

富山湾越しの立山連峰から昇る朝日を浴びながら温泉に浸かった。能登半島の右側の付け根に位置し、東側に富山湾があるので朝日が見えるという氷見の地の利を実感したのだ。

「氷見に温泉があるのか」と、思う方も多いだろうが、温泉郷は海沿いゆえに塩分濃度の高い温泉が各所で湧く。昭和の終わりの掘削なので、温泉地としての歴史は浅いが、お湯は濃い。温まりの湯である。

（2023年6月掲載）

磐越西線で「海苔のりべん」を食べる

（福島県・岳温泉）

名湯、秘湯を訪れるべく、全国各地を旅しているが、私は車の免許を持っていないから、ローカル線や、あまり人が乗っていない地域密着型のバスを利用する。とりわけ、福島県の郡山駅から会津若松駅をつなぐ磐越《ばんえつ》西線や、東北本線などにもよく乗車する。沿線にたくさんの名湯が湧いているからだ。

ただ……、磐越西線は強風などでよく遅延する。その都度、郡山駅で足止めされて、時間をつぶすことになる。

そんな時は、フードコートで喜多方ラーメンを食べたり、構内をぶらぶらして過ごす。郡山のソウルフード「クリームボックス」にも出合ったのは幸運だったなぁ。分厚い小型の食パンに、たっぷり白いミルク風味のクリームをのせただけの素朴な味に魅了されて、それ以来必ず購入するほどになった。

旅とは案外、スムーズにいかなかった時の方が実り多く、記憶に残るものである。

郡山駅と言えば、誉れ高い駅弁「海苔のりべん」が思い浮かぶが、いつも売り切れで、味わう機会を逸してきた。しかし先日叶ったのだ。

東北新幹線から猪苗代駅へ向かう磐越西線に乗り換える改札口周辺の「ニューデイズ」で購入したが、改札を通ってすぐのショップ「福豆屋」は「海苔のりべん」の製造元だったので、そこで買うこともできた。

ホームで発車を待つ電車に乗る。駅弁を食べるならボックス席で、という私の希望が叶って、無事座れた。

出発を待てず、駅弁を開ける。

15センチ×10センチ程の弁当を膝の上に乗せたが、傾いてしまうので、面を平らにするべく爪先立ちをして、弁当を安定させた。

十字結びの紙紐を解いた時、積年の想いのあまり高らかに「これか〜」と声を上げてしまった。

ようやく会えた君は、3分の2は海苔が敷かれていて真ん中に梅干しがのったご飯ゾーンで、鮭、卵焼き、人参、柴漬けと彩りが豊かなおかずゾーンと分けられていた。

お茶で喉を潤して、一口目はご飯と決めている。箸を入れると何やら重たい。海苔、おかか、ご飯、海苔、おかか、ご飯、塩昆布とバームクーヘンのように幾層にも重なっていた。頬張るとおかかと昆布の塩気と旨味、ご飯の甘み、水分を含みねっとりした海苔が口の中で混ぜ合わされる。時折、甘い卵焼きと鮭を混ぜていく。お茶もたまに口に含ませながら、味のオーケストラのハーモニーを愉しむ。

「ゴト〜、ゴト〜」と音がする。電車は快走中だ。

流れていく風景は街並みに始まり、しばらくすると田園が広がっていった。

ボックス席の斜め前にいた女性は手提げバッグの中からポーチを取り出し、個包装のチョコレートやクッキーを口に運んでいた。

車内は甘ったるいような、雑踏の中にいるようなローカル線特有の匂いがした。聞こえてくる音、目に見えるもの、匂い、それら全てが駅弁をおいしくさせた。

猪苗代駅までの約40分の乗車時間は「海苔のりべん」を楽しむにはちょうど良かった。った。その先は会津東山温泉が湧いている。さらにその先は炭酸泉の宝庫の奥会津が待っているなぁ。

また、郡山駅から東北本線に乗り換えて二本松駅まで行けば、拙著『女将は見た 温泉旅館の表と裏』（文春文庫）のカバーを飾ってくれた岳温泉「お宿 花かんざし」の女将・二瓶明子さんがいる。「花かんざし」は客室8室と小規模ゆえに静かで、大正ロマンを彷彿とさせる純和風の宿。

楚々とした二瓶さんらしい、可憐な山野草が似合う空気が流れている。

岳温泉は地域のシンボルである安達太良《あだたら》山の中腹の源泉から8キロ引き湯している。尖ったような肌触りの酸性泉の岳温泉だが、引き湯されるうちに、湯もみされた効果が生じ、私たちが入浴する時には優しい肌触りになっている。

その大切な源泉を管理するために365日、晴れの日も雨の日も嵐の日も雪の日も休むことなく、湯守が源泉までの山道を歩いていく。

岳温泉組合長の二瓶さんを中心として、岳温泉の方々は湯守文化の保全に力を入れている。

（2023年7月掲載）

真っ白いソファーに横たわる角煮

（長崎県・稲佐山温泉）

コロナが5類に移行し、多くの人が旅に出るようになった。全国旅行割も気運を高め、ANAとJALによる〝国内線一律1万円以内でどこでも行けるセール〟はかなり話題となった。

私も、ANAのセールにチャレンジした。深夜12時から販売を開始したが、アクセスが集中したため、すぐに諦め、明け方4時半に目覚めた時にサイトをあけると、購入できた。その時の気分で長崎に行くことにし、長崎便を取った。長崎の温泉と言えば雲仙、小浜、島原が代表的で、そちらにはよく行っているが、長崎市内は久しく訪ねていない。ちなみに、長崎市にも稲佐山温泉が湧いている。

何の目的も持たず、ただただぶらぶらと、出島からグラバー園、大浦天主堂と、長崎の歴史に想いを馳せる時を過ごした。

こうした長崎の歴史背景は、もちろん食にも大きな影響を与えている。私が気に入った「長崎角煮まんじゅう」も、出島に商館を構えたオランダの影響が色濃く出ている。

長崎の卓袱《しっぽく》料理は、中国料理や西欧料理を日本風にアレンジし、大皿に盛り、円卓を囲んで味わう宴会料理だ。坂本龍馬も舌つづみを打ったこのコース料理は、和食、中華、洋風の味が混じり合い、和華蘭《わからん》料理とも言われている。

この皿で出される人気料理のひとつが東坡《とうば》煮と呼ばれる豚の角煮で、もっと手軽に味わいたいと工夫されたのが、角煮を中国風まんじゅうにサンドした角煮まんじゅうである。

初日の市内観光で、「角煮まんじゅう」というのぼりをあちこちで見かけたこともあり、この晩に向かった新地中華街では、店頭で角煮まんじゅうがあることを確認してから店に入った。横浜と比べて、長崎の中華街はごくごく小規模で、あっという間に見て回れた。

一番に、メニューの「豚肉角煮（まんじゅう付）」を頼むと、2皿出てきた。ひと皿には片手程の大きさで2センチものぶ厚い角煮が3枚。もうひと皿には片手で食べるのにちょうどいい真っ白いまんじゅうがのっていた。だが、角煮とまんじゅうのサイズが合わない。大きすぎる角煮はまんじゅうからはみ出してしまうではないか！

ふわふわとしたまんじゅうに大きな角煮をはさむと、煮汁が白地にじゅっと染みこんで、白地が茶色に変わっていく。

角煮様が真っ白いソファーにゆるりと身を横たえたような風格で、ゴージャスさを醸し出す。

大口をあけて、「ぱくっ」。嚙み締めて、「う〜ん」と感嘆の唸り声を上げた。

こってりとした甘味、醬油の塩っ気、鼻から抜けるスパイシーさ、それぞれ強い味が主張し合っている。まんじゅうは柔らかく角煮はとろとろで、食感までも驚かせてくれた。まんじゅうをちぎり、煮汁に浸して頰張ると、これまた美味である。

この晩、角煮と一緒にふわふわのまんじゅうに包まれる夢を見た。

もうひとつ気になったのが、「長崎は日本一おいしいお刺身が食べられます」というポスターだ。そこで出島付近の居酒屋風の店に入ると、店内には生け簀も併設されていた。

絵柄が派手な大皿の真ん中にイサキの姿造りが鎮座し、それを囲むように、トビウオ、ヒラマサ、マグロ、サザエが並ぶ。どれも切り身が大きく、つやつやで、私のハートはわしづかみにされた。

他には、ぱりぱりに揚げた細麺に程よい塩気の餡と海鮮の具がベストマッチの皿うどんと、安定したおいしさのちゃんぽん。生産量日本一と謳うびわのソフトクリームと、満腹を感じる間もなく、いくらでもお腹に入っていった。

稲佐山温泉は、長崎市内にある標高333メートルの稲佐山の山頂近くに湧く。山頂には市内を一望できる展望台があり、ここからの夜景は、「夜景サミット」において、神戸・札幌と共に「日本新三大夜景」、モナコ・上海と共に「世界新三大夜景」に認定されている。

稲佐山温泉の湯は成分が濃すぎず、坂道をあちこち歩き、トータルで1万5000歩頑張った足腰に染み入った。ぬるめのお湯で長湯できた。

稲佐山の麓で、かの福山雅治が生まれ育ったとタクシーの運転手さんが教えてくれた。

（2023年8月掲載）

江戸の料理を再現した「江戸三昧コース」に舌つづみ
（栃木県・鬼怒川温泉）

東京から車で2時間ほどの栃木県日光市にある鬼怒川温泉は、首都圏ではお馴染みで、鬼怒川温泉の名に入っている「鬼」は邪気を払い福を招くとされる。地元の方々は節分になると「福はうち、鬼もうち」と唱えるのが恒例で、温泉街に点在する7つの鬼の銅像を巡る「七福邪鬼めぐり」も好評だ。

全国の有名温泉地には親しくお付き合いさせていただいている宿がひとつかふたつあるが、鬼怒川温泉では「鬼怒川グランドホテル　夢の季《とき》」がそれに当たる。

ここは基本的に栃木県内産の食材を使った料理を出すが、特に日光天然水の氷を使ったかき氷は、口の中でほろほろっとほどけてゆく感触が鮮明に記憶に残っている。

「鬼怒川グランドホテル　夢の季」の波木恵美社長と出会ってから15年経つ。

今やインバウンドは日本の観光業を支えているが、２００５年頃、すなわちインバウンドビジネスの最も初期から波木さんは海外に営業に行かれており、私もその頃から日本の温泉を世界に発信してきた経緯があって、2008年以来、VISIT JAPAN大使（観光庁任命）として共に活動してきた。

波木さんと雑談をしていると、2022年夏に「コレド日本橋」にオープンした、江戸料理「奈美路《なみじ》や」が話題になった。

「奈美路や」の経営母体は「江戸ワンダーランド日光江戸村」で、江戸時代を食まで含めて丸ごと体験してもらうのが会社の理念だそう。

波木さんと日光江戸村のみなさんも、やはりインバウンドビジネス最初期からの盟友で、鬼の図柄の法被《はっぴ》をまとい、時に〝忍者〟も同行させ、アジア各国にPRに出かけたそうだ。

後日、波木さんに連れられて「奈美路や」を訪ねると、江戸の食に造詣が深い支配人の佐藤達雄さんが詳しく話してくださった。

「歌舞伎や相撲といった娯楽は、江戸の頃から盛んになりましたし、庶民の外食が増えたのも江戸時代。屋台や料理屋を楽しむようになり、寿司、天ぷら、蕎麦など、和食の代表料理は江戸時代に生まれました」

「奈美路や」では化学調味料を使わずに、当時の調理法を活かし、素材本来の旨味を引き出した料理を出す。

私がいただいたのは江戸時代の料理を再現した「江戸三昧コース」で全10品。はじまりは「ひと啜《すす》り」。季節ごとに異なるが、この日はシジミ汁だった。まるで胃の準備体操。事実、「胃をあたためて消化を促すのも江戸の知恵です」と佐藤さん。

大きな皿にのった季節の6品のうち、「イワシの鮓煮」も珍しかった。イワシをおからで炊いたもので、骨まで食べられるやわらかさに驚く。

「揚げ出し大根」は、江戸時代では大変高価だった食用油を使い、大根を揚げたシンプルな一品。優しそうな味に見えたがツンときたのは黒コショウによるアクセント。鎖国中も、シャム（現在のタイ）やカンボジアから琉球や九州を通して黒コショウを手に入れていた。当時の愛称「黒い宝石」からも、その希少性がわかる。

「御凌ぎ」には寿司や蕎麦が出されるが、私は「漬けマグロの寿司」をいただく。江戸時代の料理といって真っ先に思い出すのは寿司だ。当時はスタンド（屋台）で食べられる、いわばファストフードで、しゃりが今の倍あったというから、力仕事の人の味方だったのだ。

「豆腐の寒天寄せ〜こおり豆腐」は、江戸時代のベストセラー料理本『豆腐百珍』

にも出てくる定番料理。当時はもちろん冷蔵庫はなく、氷は手に入らないため、寒天を氷に見立てた品。見た目から涼しげで、口に入れるとひやっとする。プルンとした食感を噛み締めると、むにゅっと豆腐が出てきた。塩をのせると甘みが引き出された。

「雪消《ゆきげ》飯《めし》」――江戸のおかず番付大関　大人気の『八杯豆腐』のかけ飯」は、八杯豆腐にご飯を入れたもので、上にのった大根おろしを崩した姿が雪解けに見えることからこの名前が付いたそうだが、出汁にご飯と豆腐が入り、ふんわりとした口当たりだ。

（2023年9月掲載）

江戸時代の温泉ルポと湯治旅グルメ

（江戸時代の温泉事情）

前回は、2022年夏に「コレド日本橋」にオープンした、江戸料理「奈美路や」について綴ったが、今回は江戸時代の温泉と食と旅の話をしよう。「奈美路や」では食を通じて江戸時代が文化的に豊かであったかを体感したが、私の専門とする温泉も、やはり江戸時代に大きく花開いた。

ざっと日本の温泉の歴史をさらってみる。

1300年以上も前に、日本各地の生活の様子を描いた風土記には温泉入浴の記述がある。例えば『出雲国風土記』には「老いも若きも男も女も、みな和やかに温泉に入り、温泉を神のように崇めていた」と記されている。

戦国時代には武田信玄の隠し湯、豊臣秀吉の有馬温泉の開発など、武将が温泉を愛したことは、広く知られているだろう。

こうして日本人は古くから温泉に入っていたが、温泉に大きな変化をもたらしたのは江戸時代と昭和時代でないかと私は考えている。

中でも人の生活と温泉を決定的に結び付けたのは江戸時代だ。

慶長9年（1604年）、関ケ原の戦いの後、徳川家康が熱海温泉を訪れた。家康は熱海温泉を気に入り、江戸城まで温泉の湯を運ばせた。その後、歴代の将軍も熱海や草津の湯を江戸城に運ばせるようになり、これを「御汲湯《おくみゆ》」と呼ぶ。「御汲湯」は、樽にお湯を入れて、ふんどし姿の男性が7～8人で街道を利用し運ぶスタイルで、この様を庶民が見て、「天下人が運ばせるお湯とは？」と、興味が高まり、庶民の温泉湯治ブームへと発展する。

この頃、一般庶民に通行手形が発行されたのは「神社詣」と「湯治」のみだった。庶民が温泉に目覚めることで、温泉の効果効能に関心が向いていく。

江戸時代中期から後期にかけて作られた「諸国温泉功能鑑《かがみ》」は、相撲の番付に見立てて、病気に効く温泉地から順に並べられている、いわば温泉ガイドだ。

日本で初めて温泉の泉質調査をした宇田川榕菴《ようあん》もこの頃に活動した。

江戸時代後期に入ると、『滑稽有馬紀行』『有馬日記』『玉匣両温泉路記《たまくしげふたついでゆみちのき》』など、有馬、熱海、箱根や草津にどのようにして旅したか、温泉ルポが刊行された。そう、江戸時代にはいま私の著作の先駆けとなる本が既にあった。

加えて、江戸の人は入浴の仕方にも工夫をこらした。

皮膚病の人は江戸から草津へ行き、殺菌効果のある酸性泉や硫黄泉に入って治す。ただその効果が強すぎ、肌が湯ただれを起こすため、草津から江戸への帰りに肌を整えるべく「仕上げの湯（硫酸塩泉）」として知られる四万温泉に入ってから江戸に戻った。


――と温泉の歴史を綴ってみたが、江戸の人が湯治旅をする際の食事も「奈美路や」でいただけた。現代で１０００円はしたという高価な卵をふんだんに使った「たまごふわふわ―江戸風たまごスフレ―」だ。

品川などの宿場町で出された料理で、かつお出汁で卵をふわふわに仕上げた逸品。ほどける卵が身体に染みわたっていく感じは、旅人への思いやりだろうか。当時の旅と言えば全て徒歩。そのうえ悪路だったから、宿場町に着いた頃は疲れ果てていただろう。そんな時に咀嚼《そしゃく》する必要なく、身体に染み入るこの料理のおかげで、どれほど生き返った心地になったことか。卵の良質なたんぱく質は疲労回復に功を奏し、上にかけられた黒コショウで食欲も増しただろう。

「奈美路や」の佐藤達雄さんが江戸の魚河岸を描いた錦絵の絵解きをしてくださった。人でごったがえし、活気がみなぎっている。仲買人たちは素足だ。着物姿で草履をはいて買い物に来ている料理人。仲買人のかごの中には鮑《あわび》やさざえ、鯛、蛸、鮪、海老が並んでいる。

　鮪を解体している様子も描かれている。捕れた鮪はすぐにさばき、今ではありえないが、とろは捨てていたという。その要らないとろを使ったのがねぎま鍋だ。

　寿司屋の屋台も見える。冷蔵庫がない時代ゆえ、保存にひと手間かけた昆布〆、酢〆や醤油の漬けなど。料理屋ではまぐりを酢醤油にくぐらせておからをまぶすお造りなども出していたという。

　活力溢れ、文化が熟した江戸を想い、江戸料理をいただくのはとても楽しいひと時だった。


（2023年10月掲載）

胃に染みわたる加賀棒茶

（石川県・山代温泉）

夏の酷暑の日々、身体は常に冷たいものを欲していた。外出には、お茶やお水を凍らせたペットボトルを持ち歩き、溶け出した冷たい水で喉を潤した。ただ冷たいものを飲み続けて、晩夏になる頃は胃腸が重たくなった。どうしよう……。

ふと、7月に石川県加賀温泉郷山代温泉を訪れた時に、老舗名旅館「あらや滔々《とうとう》庵《あん》」の女将からいただいてきた加賀棒茶が目にとまった。

山代温泉で加賀野菜などたくさんのご馳走を食べたが、鮮明に記憶に残ったのは香り高い加賀棒茶だった。

訪問した日も35度を超え、旅館のよく利《き》いた冷房に救われる思いはあったが、一方で、山代温泉の各所を訪ねる度に出された温かい加賀棒茶に胃腸がほっとしたのだ。香りに安らぎ、心身共に寛げた。

その体験を思い出し、お湯を沸かし、加賀棒茶に注ぐと、あの香りが部屋中に広がった。焦げたカラメルにも似た甘い香りだ。

淹れ立ての加賀棒茶をごくんと飲み込むと、喉の奥にその香りが残り、食道から胃にしたたり落ちると、温かさが身体の奥にじんわりとにじんでいった。

ほっ。胃が温まることの快感。

しばし熱い加賀棒茶を飲み続けていると、ひょっとして、いま抱える不調は胃腸を冷やし過ぎたせいかと思えてきて、猛反省。

それに、食欲スイッチが入った。

そうだ、炊飯器にご飯が残っているからお茶漬けにしてみよう。

お茶碗に少しだけご飯を盛り、そこに熱々の加賀棒茶を注ぎ、梅干し1個と刻み海苔、山葵を少々加えた。

喉越しよくご飯が入っていく。加賀棒茶のコクと梅干しの酸味と海苔の甘み、山葵の爽やかな辛味がうまくまとまり、ひとつのアートかのような出来栄えだった。我ながら、良いチョイス。加賀棒茶の風味が口に残ることで、さらに食欲が増した。

2杯目に突入。

今度は冷や飯に辛し味噌と刻んだネギを加えて、加賀棒茶を注ぐ。味噌によりコクは増したが、棒茶と味噌の風味の強さがぶつかったとでも言おうか、濃い味になってしまった。やはり梅干しと海苔と山葵が最高のハーモニーを奏でてくれることがわかった。

加賀棒茶とご飯の相性に興味が湧いて、ネットで検索してみると、加賀棒茶でご飯を炊くレシピが出てきた。今度試してみよう。

さて、山代温泉は湯《ゆ》の曲輪《がわ》（温泉街）の中心に、明治初期の頃の共同湯を再建した「古総湯」がある。

7月に訪問した際も「古総湯」に入った。45度くらいの熱い温泉は汗が吹き出た。汗が収まると清涼感を覚えた。暑い日に、熱い湯に入るのは実に気持ち良い。

そもそも歴史ある温泉街には、必ず古くから地元の方が利用してきた共同湯が存在し、そこを基軸に街が形成していった。

湯が湧くところに人が集まり、人が入りやすいようにと共同湯が作られ、遠方からのお客さんのために宿ができていったのだ。

山代温泉も「古総湯」周辺に、格式ある旅館が今も残り、加賀特有の弁柄を用いた木造の建物が並ぶ。大学の「観光温泉学」の授業で温泉の歴史を説明する際には、山代温泉の事例を教材としてよく使うほどだ。

加えて解説すると、かつての温泉旅館は土地の名士が営んでおり、芸術家のスポンサーをしていた時代がある。山代温泉にも北大路《きたおおじ》魯《ろ》山人《さんじん》をサポートしていた老舗旅館が3軒あった。そうした史実は「魯山人寓居跡　いろは草庵」を見学すると理解できる。

　私に加賀棒茶を持たせてくれた女将・永井朝子さんがいる名旅館「あらや滔々庵」も魯山人と深く交流していた。

　そのため魯山人が描いた「暁烏」の衝立や、魯山人が「あらや」と彫った看板、さらに書、絵、焼き物などの作品が館内に展示されている。魯山人が滞在した客室は今も宿泊できるし、魯山人直伝の食事も出してくれて、魯山人の器を使って食事ができるプランもある。

　ちなみに職業柄、「いい宿はないか」と情報を求められるが、どんな美食家も「あらや滔々庵」の料理は絶賛する。みながみな、香箱蟹がいただける冬にリピーターになり、「あらや滔々庵」を悪く言う人はいない。館内の設え、もてなし、料理、全てが完璧な宿で、温泉文化と旅館文化を永井家がしっかりと受け継いでいる。

（2023年11月掲載）

異能の人を輩出する庄内地方湯田川温泉

（山形県・湯田川温泉）

まだ残暑厳しい頃、山形県庄内地方を訪ねた。

庄内地方と言えば、酒田市からは土門拳、鶴岡市からは藤沢周平に丸谷才一といった昭和を代表する文化人を輩出している。

この地で、現代の個性豊かな面々に出会った。

湯田川温泉を案内してくれたのは創業300年の「隼人旅館」の庄司庸平さん。羽黒山、月山、湯殿山の出羽三山で修行を積む山伏という庄司さんは締まった身体と端正なお顔立ち。いかにも白装束が似合いそう。

「つかさや旅館」の庄司丈彦さんは酒に一家言を持ち、庄内地方の豊かな食材を用いて、夫婦で作る料理と地酒のマリアージュを推奨している。奥様（女将）は埼玉で生まれ、大学時代は湯の町・別府で過ごし温泉の魅力にとりつかれた愛恵さん。

目元がチャーミングで肌がつやつや。特におでこはぴっかぴかで、愛恵さんを見れば湯田川温泉の効果は一目瞭然。愛恵さんのインスタグラムは1万人のフォロワーがつき、ユーチューブ「女将かなえチャンネル」でも温かい眼差しで湯田川温泉の様子を伝えている。

この面々をまとめるのは藤沢周平ゆかりの宿「九兵衛旅館」や「ますや旅館」など計3軒を営む大滝研一郎社長。大滝社長のウイットに富む会話に私は終始笑いっぱなしだった。

開湯1300年の湯田川温泉はシンボルとなる由豆佐売《ゆずさめ》神社と神楽も伝承されている。温泉街のメインストリートは80メートルほどで小さな規模。真ん中に共同湯「正面の湯」が存在し、地域の人は家のお風呂には入らず、ここに通う。入浴後には由豆佐売神社の方角に一礼するのが恒例で、もちろん旅人も入れる。

自慢は湧出量が豊富なこと。よって同じ「源泉かけ流し」でも、湯船に注がれた温泉の回転率は高い。ただ源泉保全のために、温泉は集中管理している。

宿泊した日の夕食は「つかさや旅館」で丈彦さん、愛恵さんご夫妻が作った料理に加え、各旅館が持ち寄った惣菜が並んだ。宿のみなさんがご一緒してくださり、楽しい夕餉《ゆうげ》となった。

庄内地方の数々の郷土料理の中で、最初に手が出たのは山形名物「しそ巻き」。揚げた青じその葉に甘い味噌が包まれている。外はカリカリで、しそをパリッと割るとむにゅっと味噌が顔を出す。塩っ気と甘さのコラボが魅力的。「修行の時、この甘みに救われるんです」と「隼人旅館」の主人であり山伏でもある庸平さん。

うぅ……、お酒が欲しいと心で叫ぶと、「つかさや旅館」の丈彦さんが湯田川温泉で「芽出し米」を使用した純米酒「乳いちょう」を勧めてくれた。芽出しとは、稲の種から芽を出させることを言い、湯田川の源泉42度を芽出し場に運ぶと32度程の適温になるそうだ。簡単に言えば、温泉を産湯にした米。ちなみに酒の名前「乳いちょう」は、由豆佐売神社にある天然記念物「乳イチョウ」から命名された。味はすっきりとした辛口で食中酒に抜群だ。

酒を片手に、さらに手が伸びたのはふんわり酒粕が香る名物「孟宗汁」。湯田川は4月下旬から5月中旬にピークを迎える筍の産地で、朝採れの孟宗竹の筍を使い、酒粕で作る。急速冷凍保存しておいたという「孟宗汁」は、大きな筍の切り身がわんさか入る。ぱくっと頬張ると、ぶわんと酒粕の香りが口いっぱいに広がり、そこに「乳いちょう」を含ませる。思わず、にっこり。家庭料理でもあり、豚肉を入れることも多いとか。

「ごま豆腐のあんかけ」は、北前船がもたらした京の食文化が影響し、甘い餡が特徴。砂糖が高価な時代に、ふんだんに砂糖を使った贅沢品として北前船のお客様にふるまった。ごま豆腐のコクと甘い餡はマーベラス。ひとつも残さず餡を満喫したく、最後は皿までなめたくなってしまったが、当然、自重。

仕上げにと食した「弁慶飯」は、味噌を塗った丸いおにぎりを青菜漬で巻き、焼き網にのせて焼いたもの。ぎっしりおにぎりに大満腹。

こうして地元の方から地域の食文化を教えてもらいながらの食事は味わい深い。その地域にいっそう興味と愛着が湧く。今も記憶に鮮明だ。

発展しすぎた大型温泉街にはない心地よさ。それは訪れる人と迎える人の心の距離の近さにあった。そしてどこか素朴。こうした豊かな個性を発揮する地から、人の心を動かし、普遍的な作品を生む文化人が輩出されるのだろうか。

（2023年12月掲載）

ポルトガル悶絶の旅①

（ポルトガル・ポルト）

もともとは2020年5月頃にポルトガル旅行を予定していたが、コロナ蔓延によって延期を重ね、ようやく実現したのは2023年10月末。念願の海外旅行に温泉取材も兼ねて、10日間ほどの行程を組む中で、友人たちにそれを伝えると、多くはすでにポルトガルに魅了されていた。

「料理は日本人の口に合うよ、食べすぎに要注意！」

「海鮮リゾットが絶品。イワシも忘れずに！」

それはそれは〝おいしい〟を予感させた。

ポルトガルまでは直行便がなく、私はイスタンブールでトランジットをしてポルトガル第2の都市・ポルトに入った。丸1日かかり、ようやくポルトに着いたのは正午過ぎ。ポルトでは、ポルトガルで最初に5つ星を獲得したホテル「Hospes Infante Sagres Porto」に2泊する。ロビーは大航海時代の名残りで、鎖やロープの結び目や波などをモチーフにしたマヌエル様式が施されている。鮮やかな赤い絨毯といい、どこを切り取っても絵になる。

荷物をフロントに預けて街に出る。

ポルトは石畳の坂の街である。建物がずり落ちてこないか心配になるほど傾斜は急。歩くのにひと苦労で、石畳につまずいてしまう。ただこの坂も石畳も写真に収めれば最高の構図となり、見るもの全てがフォトジェニックなのだ。

町中でひと際賑わう店に入り、ポルトガルでの1食目を摂ることにした。ポルト名物の「フランセズィーニャ」を注文すると、大きなグラタン皿に脂が光る茶色いソースが敷かれ、たっぷりベーコンとどっさりチーズが食パン2枚にはさまれ、グリルされており、その上に目玉焼きがのっていた。その姿は巨体で、ナイフでカットするのに力がこもる分厚さ。ソースでひたひたにして口に運ぶ。

長時間のフライトで疲れた身体は、このこってり味を求めていたようだ。無言でわしわしと。寝ぼけ眼でわしわしと。手が止まらず、瞬く間に完食。味の濃い、ちょっぴりスパイシーなソースに浸された巨大なクロックムッシュといったところか。ポルトっ子のB級グルメだそうだが、カロリーはいかばかりか……。

サラダも頼んだ。葉モノの野菜の上にクルトンのようにタラの切り身がちりばめられている。ポルトガルではタラが国民食だ。タラのもっちりとした食感と旨味と塩気によってドレッシングは必要なく、タラってこんなに芳醇だったっけと疑ってしまうが、やっぱりタラである。

さて、一晩休めば長旅の疲れも取れ、2日目は元気にポルト観光を楽しむことにした。

ポルトのハイライトは世界遺産に登録されたカテドラルを中心とした歴史地区。ドウロ川越しに眺めたオレンジ色の屋根とパステルカラーの壁面の可愛らしい街並みの景観に息を呑み、ポートワインの蔵も訪ねた。赤と白のワインとポートワインを試飲してほろ酔い気分に。

ポルトは全体的に小ぶりな町でどこも歩いて回れる。途中、50分のドウロ川クルーズを楽しんだ以外は、終始徒歩。ポルトガルで「パステル・デ・ナタ」と呼ばれるエッグタルトを片手に歩き、また観光、そして食す。

この日、強い衝撃を受けた。ドウロ川沿いのレストランのテラス席で「タコのオーブン焼き」に出会ってしまったのだ。

で、でかい！　これ、ほんとにタコ？

驚くほど大ぶりのタコとジャガイモと玉ねぎがオーブンで焼かれ、ニンニクたっぷりのオリーブオイルがかけてある。

タコは焼くと硬くなるから、食べやすいように細かくカットすればいいのに、と訝《いぶか》りながら、太いタコの足にフォークを刺すと、すっと入っていく。食べるとオイルといい塩梅の塩加減、ローズマリーが香り、タコが口の中でとけ出した、悶絶――。

白身の魚かと見まがうほどに、柔らかい。目をつむりタコに「君は本当にタコかい?」と訊ねると、口の中で押し上げる弾力をもって、「僕はタコだ」と答えてくれた。そう、この弾力は間違いなくタコである。

ポルトガルの旅では2か所の温泉を訪ねることにしていた。ヨーロッパでは温泉は行楽ではなく療養の場として捉えられており、日本のようにお湯に浸かりゆったりしようとしない。もちろんポルトガルも同様で、お湯を療養に使っていた。

（2024年1月掲載）

ポルトガル悶絶の旅②

（ポルトガル・ルゾ）

ポルトガル3日目にポルトから電車で、ポルトガル新王朝時代の首都・コインブラに入った。

ポルトではサン・ベント駅の壁一面のアズレージョ（装飾タイル）に見惚れてしまい、乗る電車がこの駅から出発すると思い込んで確認もせず、出発30分前に駅が違っていることに気づく。冷や汗を滝のように流しながら、かなり離れた正しい駅（カンパーニャ駅）に向かった。ちなみに、発車2分前に席に着き、事なきを得た。今では良き思い出なり。

コインブラにはポルトガル最古のコインブラ大学が丘の上に君臨する。

15世紀以前のラテン語の書物も合わせて約30万冊の蔵書を誇る図書館もあるコインブラ大学は世界遺産に登録されている。知が集結した空間は、日本の古書店の匂いと同じだった。数多の時を経て、こうして残っている書物を見上げると、本を書くことへの誇りが湧く。なんて尊いのだろう。

さて、コインブラの名物は子豚の丸焼きだ。市街から車で30分程で名店に着く。ガイドを含め3人が座ったテーブルに、ひとりでは持ち上げられそうにない巨大な平皿で、カットされた豚の丸焼きが出てきた。どう見ても5〜6人分はある。テーブルに皿が置かれた瞬間、「ぶわ〜ん」と、こんがりと焼けた豚の皮の脂の香りが充満して、お腹が「ぐう」と鳴る。

一切れを取ろうとするが骨付きだから重たい。フォークとスプーンで「よいしょっ」と、持ち上げて自分の皿に持ってくると、またしても脂の香りが漂ってくる。蛍光灯に照らされて皮がピカピカに輝いている。

嚙み締めると「ぱりっ」と勢いよく皮が割れ、「じゅっ」と脂が染みた。肉はほろほろとほどける柔らかさで、口の中で脂と肉が混ざると、悶絶——。夢中で食べた。手が止まらない。

大きな肉と格闘すること15分。ごつい切り身を4つ頰張ると、お腹はぱんぱんだ。この店からまた40分程車を走らせると、ブサコ国立公園がある。

そのブサコの森に忽然と姿を現したのは「ブサコパレス」だ。ポルトガル最後の国王・マヌエル2世が狩猟のために建てた離宮を、現在はホテルとして使用している。

ネオ・マヌエル様式で柱に優雅な模様が施されている。ロビーから2階へと向かう大理石の大階段には赤い絨毯が敷かれており、壁を覆うアズレージョにまたも圧倒されて、目が離せなくなった。

オーナーのアレキサンドル氏は大の親日家で、私をワイン蔵に案内してくださり、赤ワインとサラミや豚のから揚げなどのアペタイザーを勧めてくれ、その後は夕食もご一緒した。

4時間あまり、アレキサンドル氏は日本を「アメージング！」と言い続け、私も温泉、旅館、女将、日本食について話した。私の名刺入れを見て「kyukyodo（鳩居堂）？」と訊ねてくれるあたり、相当な日本通である。

この晩は2008年に現天皇が宿泊したスイートルームに泊まった。

「ブサコパレス」から2キロ程の所に、人口2000人の小さな町・ルゾがある。ルゾは、ポルトガルで最もメジャーなミネラルウォーター「LUSO」の湧出地であり、温泉地だ。公園には、ポリタンク持参でひっきりなしに人が水を汲みに来ていた。

軟水で飲みやすく、「LUSO」を気に入った私はポルトガルでずっと飲んでいた。

水はおいしいが……、日本の温泉気分で訪ねると大違いで、ポルトガルでは温泉を療養に使っているのだ。

「テルマス・デ・ルゾ」で、まずトリートメントを行う。アロマオイルを使った20分のマッサージを終えると、ようやく温泉プールに連れて行ってもらえた。水着着用で、歩行浴ができるゾーン、ジャグジーゾーン、お湯が流れ出て打たせ湯ができるゾーンと、実に機能的なプールだ。施設内は温泉を吸引したり、お湯で喉を潤す設備が多数あり、やはり温泉を療養に使っているのだという説明を受けた。

ホテルも併設されており、身体の不自由な方や高齢者にとって利用しやすい客室もある。そこから温泉プールまでは水着を着用した上にバスローブをはおってスムーズに移動でき、この一角では車いすユーザーを見かけた。

（2024年2月掲載）

ポルトガル悶絶の旅③

（ポルトガル・カルダス・ダ・ライーニャ）

古都・コインブラから電車で首都のリスボンに20時過ぎに入る。駅からホテルまでタクシーを使ったが、石畳の急坂をいくつも激しくアップダウンするものだから、闇夜にジェットコースターさながら揺れて、やや恐怖……。リスボンは大きな街ということで、3日間をリスボン観光にあてたが、このうち2日間の昼食は老舗のリベイラ市場で摂った。

市民の台所として野菜や青果も販売しているが、メインはカリスマシェフの店からB級グルメ店まで、約50店舗が出店しているフードコートで、地元の人から旅人までその胃袋を満足させてくれる。

好きな料理を購入し、中央のテーブルで食べることができるシステムで、たまたま目についた店で頼んだのがポルトガル名物のイワシの塩焼き。口の中で浮かんだイワシの脂はなんとも上品で、一口目にして悶絶——。

イワシの柔らかい身が食欲をそそった。勢いづいて、別の店で海鮮パスタをオーダーすると、海鮮スープで茹でたのかと思うほど麺に海の幸の風味が染みこんでおり、レベルの高さに驚愕する。別の店でタラのステーキも追加。ふっくらでもっちりのタラであった。

この日、これ以上食べるのは無理と英断し、翌日に再訪することにした。

その晩、ネットで情報収集し、2日目はリベイラ市場で最も人気という店で、牡蠣のリゾットをオーダー。皿を前にするとぶわ〜んと磯の香りがして、食する前から海の中を浮遊したかのような心もちに。米の芯まで海の風味が到達している。続けて、立派な車海老がのった魚介のスープに舌つづみを打つ。

お気づきだろうが、ポルトガルは特に魚介が美味である。新鮮で素材の味を損なわない軽い塩味が多いから、飽きずに食べ続けられる。自分の食欲が恐ろしい。美食の街リスボンで、限られた食事回数のうち2回を消費したわけだが、悔いなし。

市場から路面電車でベレン地区に向かう。ジェロニモス修道院、ベレンの塔といった、大航海時代の歴史的建造物が密集している。

大西洋へと流れるテージョ川を見渡すベレンの塔は実に優美だった。司馬遼太郎はこの塔を「テージョ川の貴婦人」と評したというが、ずっしり構えた塔が、角度によっては凝った模様のロングドレスを着ている風にも見えて、確かに「貴婦人」であった。大航海時代は、この塔から船を見送り、船はこの塔を目指して帰ってきたという。

エンリケ航海王子の像や当時の船の複製が展示された海洋博物館にも寄る。実は、この旅の予習を兼ねて昨年5月に長崎で出島や大浦天主堂を訪ねていた。大航海に出て、極東に行き着いた志を想像すると、胸が熱くなった。

さて、温泉の話をしよう。

リスボンから日帰りで行ける「カルダス・ダ・ライーニャ」という温泉がある。リスボン発のバスで1時間半ほどだが、途中、王妃の直轄地である城壁の街オビドスを見学してからカルダスに入った。

「カルダス・ダ・ライーニャ」には硫黄泉が湧いている。かつて王妃がカルダスに立ち寄った際に、地元の人が足湯をしている姿を見て「リュウマチの症状に効果がある」と聞きつけ、自身も入浴したところ、温泉の力を実感。すぐに王妃は鉱泉病院を作らせた。

という史実の詳細は、入浴施設に隣接した鉱泉病院博物館の資料で知った。17世紀には、もう温泉のお湯で吸入器を使っていたというし、その後もリウマチや呼吸器疾患の治療をしていたそうで、当時の治療器具や病室の写真も展示されている。

この鉱泉病院が設立された頃から、今も脈々と湧き続ける源泉を見学した。

そこは薄暗い洞窟風で、5メートルほどの高い天井は石灰岩でできており、硫黄成分が湯の花となってこびりつきレモンイエローに変色していた。天井の一部は穴が開いている。日本の湯小屋と同様で、湯気抜きと呼ばれる、蒸気を逃がす穴だろう。その穴から一筋の光が差し、お湯を照らしていた。

5年ぶりの海外旅行だったこともあり、海外での注意事項が身体から抜けていて、大失態とハプニングの連続で激しい旅となったが、やっぱり、旅はおいしく、愉快である！

（2024年3月掲載）

桜島大根と桜島小みかん

（鹿児島県・鹿児島温泉）

今年の1月下旬、基調講演の仕事で鹿児島市に向かった。講演会後の懇親会は天文館で行われたので、近くの「温泉ホテル中原別荘」を迷わず予約した。真っ黒な温泉——。宿のＨＰで「深度８００メートルより湧出している加水も加温も貯湯もしない『源泉１００％かけ流し』」と謳っているところに、自信というか、良質な温泉を提供しているという自負が読み取れる。

そのお湯はやや塩気がある。地下８００メートルから湧き出る温泉は肌触りがやわらかくしっとり。ぬるめだったこともあり、夜は1時間ほど入浴してしまい、その後は深い眠りに落ちた。

翌日は早々に東京に戻る予定だったが、「桜島大根を食べにいきませんか。今の時季しか食べられないし、鹿児島市民も桜島に行かないとなかなか食べられないんですよ」というお誘いにたちまち陥落し、桜島行きのフェリーに乗船。

錦江湾から桜島まで４キロ。15分の乗船時間に、大勢の鹿児島市民がうどんを食べている。なんでも船内のうどんが名物だそうで、香ばしい出汁の匂いがした。

桜島に到着し、まずは湯之平展望所に行くと、歓声を上げてしまい、興奮が止まない。

真っ青な空の下、稜線鮮やかに北岳と南岳が鎮座する。煙を吹くのは南岳。尾根がくっきりとした北岳は冠雪している。

これまで山の「尾根」と表現してきたが、展望台の解説によると、火山の年齢がわかる「しわ」なのだという。古い火山ほど深くて太いしわとなり、年月をかけて雨に削られた痕なのだという。なるほどである。

展望台は一周できる。晴天ゆえに、大隅半島や開聞岳まで見渡せた。

桜島は土石流により扇状地を形成し、畑や果樹園を作るには最適で、名物桜島大根と桜島小みかんはその証なのだろう。

予習をして、桜島大根を食べさせてくれる「カフェしらはま」に向かう。

特に看板など出ていなかったが、店内に入ると10名以上の団体さんがいた。知る人ぞ知る名店なのだろう。

テーブルには桜島小みかんが入ったかごと一輪の椿が飾られている。

「ウエルカムフルーツです」と勧めてもらった小みかんは、手の平の上にちょこんと乗る程度の大きさ。皮をむくと甘さと酸味の匂いが立ちこめ、口に含むとむぎゅっと甘い果実と水分が弾け出た。

鹿児島の人は小みかんを食べると、皮を持ち帰り、薬味として蕎麦に、サラダにも和《あ》えるのだとか。それができるのは無農薬だから。

店内のホワイトボードに食材へのこだわりが示されていた。

「かつて桜島で農家をしていたが、農薬により頭髪が抜けてしまった経験から、現在は無農薬で無化学肥料栽培に徹し、錦江湾で採れる海藻を肥料にしている」と。

それなら安心。私も小みかんの皮をポケットに入れた。

しばし待つと、30センチほどの大皿がやって来た。そこには桜島大根のステーキ、大根のから揚げ、大根と桜島小みかんのなます、大根サラダ、大根込みの野菜炊き、大根入りポテサラ、大根の炊き込みご飯が満載。この他に大根のポタージュのカップと、大根の味噌汁が付いていた。

え……、大根のから揚げ？？？

大根とは瑞々しさがウリではないのか。から揚げとの親和性はないぞ。と、頭の中にクエスチョンマークが並ぶ。見た目は角状で細長く茶色い。噛み締めると、ほくほくとしたじゃがいものようで、意外性抜群。

ステーキは芯まで柔らかかった。

なますは、酸味よりも柑橘系の爽やかな香しさが際立つ。大根のシャキシャキ感以上に、身体中に清涼な風が吹き抜けたことに驚いた。その秘密は桜島小みかんだそう。大根とみかんの皮を和えてなますにしたのだ。

淡白な味のはずの大根の七変化に唸りつつ、何気なく食した煮付に、また驚愕。濃い色ではなかったので、予想してなかったが、この出汁の風味の強さたるや。

「桜島大根は水分が少ないから、揚げ物にできて、煮物にすると味が染みやすい」とお店の方が教えてくださった。

1月下旬から2月上旬にしか採れない桜島大根の料理尽くしと桜島小みかんは、しかと記憶に残った。

（2024年4月掲載）

心から寛げる宿
福岡県原鶴温泉「六峰館」

（福岡県・原鶴温泉）


福岡県原鶴温泉「ほどあいの宿　六峰館」。

深い茶色を基調とした外観は、和風ながらもどこか洒落た雰囲気で、ひとたび中に入ると落ち着いた調光で、ふんわりと漂うお香に、「ふ〜っ」と一息吐いた。ロビーのソファーに腰かけると筑後川が目に入る。

原鶴温泉は、阿蘇山を水源とし、熊本、大分、福岡、佐賀を流れて有明海に注ぐ、悠久の筑後川沿いにある。

行政の仕事が多い私は例年、年度末は会議やら出張が多く、さらに講師を務めて8年目に入る跡見学園女子大学の授業の準備、今年上梓する2冊の本の作業などが重なり、浅い睡眠が続いていた。この日、「ふ〜っ」と息をはいた時、疲れていたことを初めて自覚した。

予約した露天風呂付客室「久住」からも、やはり雄大な筑後川が一望できる。

この部屋はバリアフリー対応である。

客室入口に備えてあった「つえやすめ」は初めて見た。安定して杖をかけておくための滑り止めを兼ねた杖立てだ。2台並んだベッドの間に、手すり機能を兼ねた踏ん張り棒が置いてある。客室の浴場には湯船の横に移乗台が付いている。

見れば見るほど、車いすユーザーや足腰が弱ってきた高齢者に優しい設えだった。さまざまなお客様を迎えてきた経験値がそこにある。

「バリアフリー」と、過度に謳っていなくて、ただ優しい心遣いに溢れている。その優しさにほだされて、寛いでいる自分に気づいた。

4階の露天風呂に行くとご婦人がふたりいた。

「94歳で見送った父を最後までここに連れて来たのよ。お湯もいいけれど、料理がまたおいしいの。お出汁がしっかり効いていてね。それに小鉢でたくさんの種類を出してくれるから、月に一度は来ています」

「私は81歳ですが、この宿は泊まりやすい。あとは嬉野の『大正屋』もいいわね」

近隣の宿にまで話題が広がったものだから、私も参戦。「福岡なら宗像にある、イカの活け造りを出してくれる『御宿はなわらび』も素敵ですよ」と、お気に入りの宿を話した。露天風呂での宿談義に花が咲く。

夕食会場に行くと、3世代旅行の姿があり、「おめでとう！」と、乾杯の声が聞こえた。この宿でなんらかの慶事をやっているのだ。きっと近隣住民に愛されている宿なのだろう。茶碗蒸しの出汁の風味に唸り、露天風呂で聞いた話を思い出し、訊ねてみる。

「基本はカツオとコンブですが、連泊のお客様もいますので、お料理によっていろいろと変えています」とスタッフが教えてくれた。

感服したのは近隣の朝倉の特産豚を用いた「あさくら豚米《どんまい》春菜鍋」。構えず、豚肉を口に入れてみたら、あらびっくり。くっきりとした旨味と甘み。噛めば噛むほど、その旨味が増す。

お肉は鍋に2切れが入っていて、1切れ目で意表を突かれ、すぐに飲み込んでしまったため、2切れ目は「味わうぞっ」と覚悟を決めた。10噛みで肉がやわらかくなり、20噛み頃から旨味と甘みが滲み出る。30噛み。さらに、噛み、カミ、かみ。噛めば噛むほど、旨味に酔いしれるから、飲み込むのがもったいない。ずっとこの旨味を口に残しておきたくて、トータルで80噛みしてしまった。

いやいや、大満足である。

さらに虚を突かれたのが「桜鱒難波焼き」。でも驚いたのは桜鱒ではなく、皿の右上にちょんとのっている黒いモノ。ひょいっと口にほうり込むと、「栗?」と思うほどのほくほく感。

スタッフに尋ねると「筑前クロダマル」というものらしく、すぐにスマホで検索してみたら、九州の暖地向けに育成された大粒の黒大豆をクロダマルと称するよう。やはり、栗のようなやわらかい甘さが特徴らしい。

〝新しいおいしい〟を発見した喜び!

ふと、心から寛げる宿って、なんだろうと自問自答する。

とかく写真で魅せる女性誌などで取り上げられる、斬新奇抜なデザインの宿は入った時には高揚するが、寛げるかどうかはイコールではない。「六峰舘」の設えの優しさと地域の食材と出会うわくわく感に「寛げる宿」のあるべき姿を考えさせられた。

(2024年5月掲載)

日本初の水素調理器を導入した名旅館

（神奈川県・箱根強羅温泉）

跡見学園女子大学で講義して8年目となる「観光温泉学」。毎年多くの学生さんを教えているが、履修理由を訊ねると「先輩に奨められた」と。率直に、嬉しい。本年度も趣向を凝らした授業を行っている。

目玉は温泉旅館からの配信授業だ。

今回は春の大型連休直前に、まだ静かな箱根「円かの杜」を訪ねた。

オーナー一家の温泉旅館に対する矜持が素晴らしい。その心意気を学生さんに伝えたかった。それに、仲間内で気軽に宿泊できる価格帯ではないからこそ、本物の温泉旅館を見て欲しかった。

玄関からロビー、ラウンジと館内を映し、飛騨高山出身の経営者ゆえに「木と畳」にこだわった佇まいであることを解説する。特に神代欅《じんだいけやき》の一枚板を使ったチェックインカウンターの見事さや飛騨の家具の美しさを示した。

続いて私の客室で、女将の松坂美智子さんに、女将の仕事、温泉文化、自然環境に配慮した宿であることを、お話ししてもらった。

「箱根の新芽の時期が好きです。今日も季節を感じていただける着物にしました」と、淡《うす》萌黄色の着物と白生地に緑の葉が刺繡された帯で、萌ゆる箱根の風景を体現されていた。

提出された学生さんの授業レポートには、一様に「円かの杜」に興味を抱いたこと、〝女将〟について多くの感想が書かれていた。

「お着物姿、立ち居振る舞い、所作、喋り方、歩き方などから日本文化を感じられてとても素敵でした」「旅館における女将の存在を改めて実感しましたし、おもてなしは最上級の心遣いであり、高い精神性を持った人でないと務まらない。女将は旅館ブランドですね」と、配信授業を行った意図を理解していた。

ただ最も学生さんが関心を寄せたのは自然環境に配慮した宿という点だ。

「円かの杜」では竹の歯ブラシをアメニティにしたり、アメニティの個包装に紙を使っている。さらに2023年7月から、温泉旅館では日本初となる水素コンロを導入し、CO_2排出を減らす試みを実践している。「水素コンロは酸素と結合して水分を出しますが、CO_2を一切排出しません」と美智子女将が授業で語っていた。

気になるのは、料理の味への影響だ。

この晩、松坂雄一総支配人、美智子女将のご夫妻と一緒に夕食を「割烹むげん」でいただいた。水素コンロを横目に眺めながらカウンターに座る。燃え盛る炎に向かい、料理長の手が赤い。なんという火力なのだ！

スタートに出された鰻は皮がパリッと、身はほっくり。蒸した鰻特有のふんわり感だったから「焼いただけ？」と呟くと、横にいた松坂さんが「焼いているだけです」とこっそり。

2時間半にわたり、水素コンロで調理した料理をいただいたが、素材の瑞々しさが保たれて、ふんわりとした食感に意表を突かれた。

調理器具の燃料の違いで、こんなにも味と舌ざわりが変わるものなのか——。

口の中で水分が弾き出たホワイトアスパラ。

「煮ても、焼いても、こんなにならないでしょ」と、心で言う。地はまぐりは、ふわふわの食感なのに、火はしっかりと通っている。「生なの？」と二度見をしたが、蒸気があがっていて熱々。鮑はコリコリだがしっとり。のどぐろも、皮はパリッと、身は脂がたっぷりのってジューシー。

「貝と魚がわかりやすいですよね、妙なガスの臭いがついていないでしょう」と松坂さん。

肉はどう仕上がるのだろうと、興味津々。

厚切りなのに柔らかい。そして赤身のしっかりとした味。その香り高い熟成肉は笑っちゃうくらいおいしい。ただこの味は水素コンロ以上に、そもそもの素材の力による。

「肉の魔術師」と呼ばれる、滋賀県の精肉店「サカエヤ」の新保吉伸さんが扱う肉だと言うではないか、幸せである。

料理長は水素コンロでの調理を研究したと言う。通常のガスコンロよりも火力が3割強く、調理時間は短いが、その分、食材によって火入れ時間や火力の調整が難しく「ようやく見えてきましたが、まだ試行錯誤中です」とのこと。

こうした自然環境に配慮する理由は「5年前の箱根の豪雨被害による経験からなんです。地球温暖化が我がことの問題なんです」と美智子女将はおっしゃる。


（2024年7月掲載）

那須温泉の凄い宿
宿は人なり

（栃木県・那須温泉）

温泉旅館を泊まり歩き、かれこれ25年以上が経つと、宿に入った瞬間に、どんな方が営まれているか、想像がつくようになった。

「宿は人なり」だから。

旅館経営者のカリスマ、有馬温泉「陶泉　御所坊」金井啓修社長から「注目の経営者」として片岡孝夫社長の名前を聞いて以来、一度、ゆっくりとお話をうかがいたいと思い、栃木県那須温泉「山水閣」と「那須別邸　回」を訪ねた。

「那須別邸　回」は1泊2食付きで5万円台の宿である。

「夕食前に『夜のとばり』でお待ちします」とお誘いを受けた。そこはテーブルといすがある洋室だが、お茶を点《た》てられる空間で、照明を落とし、静寂が保たれていた。

「ここで玉露を飲んでいただき、お茶の甘さから入って、シャンパンでのど越しをよくして、食事をしていただくといいんですよ」

スタイリッシュな片岡社長、代々続く老舗旅館のご子息かと思いきや――。

「僕はボンボンじゃない。父から継いだ時はそれなりに負債もあり、単価の安い宿でした。僕、旅館マニアなんです。四六時中、旅館のことばかり考えています」

親から継いだ宿をかなり改修した「山水閣」と、片岡社長の旅館愛とセンスが発揮された「那須別邸　回」の2軒を経営する。

「宿で栃木を表現したい。歴史、文化、風土を踏襲し生えてきたような土着の宿にしたい」

〝生えてくる〟〝土着の宿〟と、独自の表現で旅館論を語られる。

宿の土壁は地元の土で練った粘土を用いた。石壁は土地の石を砕いたもの。客室の石組みの壁面は、片岡社長とスタッフが組み上げた。宿を建てる際に切った樹木は設えで活かしている。

私が宿泊した「那須別邸　回」の客室の灯りは全て那須のクラフトワークの職人さんと協働したスタッフの手作り。石造りの洗面台の心地いい肌触りは、那須町の石材屋さんの技。室内にある3本脚のいすの座面部分に張ってあるのは、硬さと丈夫さが特徴の、栃木が誇る「栃木レザー」ブランド。

温泉は引湯しているという点で、個性が出しにくいために、浴場に地元の建材を使う。湯船には宇都宮市大谷町で採掘される軽石凝灰岩の大谷石を用いていた。

なるほど、〝生えてくる〟とは、那須の地から湧きあがってきたかのような宿ということか、と納得する。

「宿は地域のショールームです。那須はもともと高原リゾートですので、ロケーション、ハード、ソフト、フード、スパ、これらの5つの要素でストーリーを紡いでいます」

やはり一家言がある。

夕食会場に行くと、それぞれに暖簾《のれん》がかかった半個室風。その奥の正面には、天井まで届く銅板で囲まれた焼き場が堂々たる存在感を放っている。炭火焼きをする際に煙を逃がさないように銅板の煙突を作ったそうだが、それ自体が銅板のアートのようだ。

献立表からは繊細な懐石料理を想像しつつも、私が気になったのは、黒毛和牛のフィレステーキの横に添えられていた黒キャベツ。

野菜は近隣の「那須高原こたろうファーム」産を使用しており、黒キャベツはフライパンで焼かれていて、パリパリとしていた。ほろ苦さが肉の旨味をぐんと引き立てていた。

凝った焼き場で作られた名物「桜鱒の幽庵焼 鰻の白焼」は、桜鱒の皮はパリパリと音を立て、身はふわっとジューシー。この食感の対比が面白く、印象に残る。

朝食には、ご飯とお味噌汁の間にまるでメインかのように、生野菜の皿が置かれてあった。もちろん、こたろうファームのもので、瑞々しさは群を抜く。

調べてみると、こたろうファームでは年間100種類の高原野菜を栽培しており、目玉は30種類以上のカラフルトマト。高原野菜の定期便もある。

「山水閣」「那須別邸 回」には、那須で生まれ育った片岡孝夫社長の思考や人柄が現れていた。だからカタログのように並べるだけでは、宿それぞれの面白さは決して伝わらない。そのことを改めて確信した。

ちなみに、歌舞伎俳優の十五代目片岡仁左衛門丈(本名=片岡孝夫)と同姓同名ということで、お付き合いがあるようだ。

(2024年8月掲載)

新潟県月岡温泉に湧くエメラルドグリーンの湯

（新潟県・月岡温泉）

本連載でも話題にしたことがある「日本一マズい温泉」の新潟県月岡温泉。今年6月に再訪し、久しぶりに飲んだが、やっぱりマズかった――。苦い、酸っぱい、塩っ辛いの三重苦。しかしながら、これが美肌効果の要素にもなっている。特に旅館「華鳳《かほう》」「泉慶《せんけい》」の自家源泉「白玉の湯」は、国内随一の硫黄含有量を誇り、温泉の色は鮮やかなエメラルドグリーン。

月岡温泉の開湯は、大正4年だ。この時期、新潟県では各地で石油掘削が行われていた。その最中に温泉を掘り当てたというところが多数あり、石油の匂いがぷんぷんする新津温泉は新潟らしい温泉としてよく挙げられる。月岡温泉も、石油掘削がもたらした恩恵の湯である。

温泉大国の日本各地に存在する開湯１３００年といった古湯の類ではないが、地域が一体となり、街づくりに取り組み、大きな成果を上げている。

２０１４年には、未来の温泉地を見据えて、月岡温泉地域の若手経営者が出資して、会社「ミライズ」を設立した。

コンセプトを「歩きたくなる温泉街」とし、街中に緑が溢れるように木々を植え、塀は茶色に塗装し、店舗の外装をリノベーションし、街のあちこちに灯りをともすなど、景観を整備してきた。

特筆すべきは、温泉街の空き家や空き店舗を改修し、新潟のプレミアムを体験できるお店にしたことだ。

最初に、新潟の地酒が飲める「蔵《くら》」をオープン。新潟県内の全酒造から90もの銘柄を集めたことも話題になり、これが大当たり。

その後、米どころ新潟らしい、手焼きせんべいが体験できるお店「田《でん》」、米粉を使ったスイーツ「うさぎ焼き」など米粉商品を集めた「米《べい》」、干物や海産物、味噌や漬物、糀ドリンクを味見できる「旨《うまみ》」などなど、毎年１軒ずつ新しいお店を誕生させて、今では食べ歩き天国の温泉街である。

冒頭で話題にした「日本一マズい温泉」は、月岡温泉発祥の地である「源泉の杜《もり》」で飲泉できる。ぜひ一度、ご賞味あれ。

これらのトライアルが評価され、2019年「先進的まちづくり大賞」で国土交通大臣賞、2023年「産業観光まちづくり大賞」で経済産業大臣賞など、多くの賞を受賞している。

この晩、私は「華鳳」に宿泊し、「白玉の湯」のエメラルドグリーンのお湯を堪能した。人工的な色にも見えるお湯。両手ですくい上げてじっと見ながら、地球が織りなす神秘を感じた。

アルカリ性のお湯で、ややとろんとした肌触りが特徴。ややぬるめの設定だったので、いつまでも入っていられた。

夕食には、オーナー一族の穴澤敬太郎さんと恵子若女将ご夫妻が席についてくださり、最近の宿経営についてお話ししてくれた。

「『華鳳』に就職できて、おばあちゃんが泣いて喜んだ、と新入社員の子が言ってくれた」と、嬉しそうに語る。恒常的に人手不足であり、人材確保に困難を極める宿泊業界において、「華鳳」が地域に愛されている証だ。

鮮魚は、佐渡沖で獲られたのどぐろの刺身と淡白な石鯛、もちもちの白姫えびがどれも新鮮ゆえに歯ごたえがあり、もっともっと食べたくなった。

ピンクグレープフルーツの皮の器の中に蒸し鮑が入っていた。この取り合わせに驚いたが、鮑の磯の香りとピンクグレープフルーツの柑橘の匂いが合わさると、洋風の味になった。

パンチが利いた味わいだったのは、豊栄《とよさか》トマトの煮込みだ。よく煮込まれたトマトは、箸を入れるとほろりとほどける。中にはひき肉が入っていて、トマトとひき肉に出汁が染みこんでいた。しっかりとした味の豊栄トマトは、旨味のあるひき肉に負けていない。旨味と酸味と甘みのハーモニーが愉しかった。ちなみに「豊栄桃太郎トマト」という銘柄は新潟県内一を誇る生産量だそう。

終盤には、村上牛と新発田《しばた》牛の食べ比べの皿が出た。脂を味わう村上牛に対して、新発田牛は身が締まり、さっぱり味。ブランド牛を食べ比べると、味の違いがわかり、面白かった。

月岡温泉は新潟県内では知名度が高く、事実、県内からのお客でほぼ満たされているが、街づくりという観点と温泉を飲みに、ぜひ一度、全国から足をお運びいただきたい。

（２０２４年９月掲載）

ギネス最古の宿と「どんぐり蕎麦」

（山梨県・西山温泉）

まだ残暑厳しい9月上旬に、山梨県早川町を訪ねると、心躍る旅になった。

早川町は山梨県の南西端、静岡県との県境に位置し、標高3000メートルを超える南アルプスの山里。富士川の支流の早川が横断しており、川沿いに集落が点在する。また日本列島の裂け目である糸魚川―静岡構造線〝フォッサマグナ〟がその早川に沿うように存在するため、多種多様な温泉が湧いている。

日本で最も人口が少ない町（当時874人）で、日本で一番在任年数が長い辻一幸町長が、44年にもわたって率いてこられた。

早川を散策する前に、辻町長にお会いすると、実に柔和な表情で愛情をもって早川を語ってくださった。ちょっとした言葉遣いひとつで、こんなにも好印象を抱けるものか――。

早川では、訪問客に「本来の山の暮らしを体感して欲しい」と宣言し、早川の暮らしで得られる幸福を「早川冥利」と掲げている。

加えて、山で生きることに長《た》けた高齢者を「万能丸《まんのうがん》」と呼び、「万能丸」を慕う若手が多数おり、さらに「おもてなし好きな町民」というではないか。期待値が高まるなぁ。

ちなみに〝フォッサマグナ〟の恩恵にあずかり、温泉は宿や入浴施設でそれぞれ源泉を保有する「自家源泉」！　温泉好きならば涎が出てくる。

早川町には身延山と七面山の信仰によって講中宿として栄え、江戸時代の面影を残す赤沢宿がある。七面山を正面に臨み、急傾斜に古い日本家屋が立ち並ぶ小さな集落だ。ご案内いただいた70代半ば過ぎの男性は颯爽と歩かれていた。健脚！

ここでお弁当をいただいたのだが、「自家製モグラウリ漬けよ」と、案内人の奥様が出してくれた。モグラウリは早川特産の野菜で、ひと噛みするとふんわりとメロンのような甘く高貴な香りがする。坂道を1時間程歩いた後の、この心くばりに涼と癒しを得られて、すっかり心をつかまれた。

この日、他の場所でも、何段もの階段を上り足がもつれた頃、地元の方から梨ときゅうりの漬物と冷たい麦茶をふるまっていただいた。

それも、さも当たり前のごとく、自然にふるまう。プライスレスなおもてなしの数々は、「おもてなし好き」を自負するだけある。とにかく町民が偉大なる観光大使なのだ。

この晩は飛鳥時代（705年）に開業した西山温泉「慶雲館」に宿泊。山間の渓谷の狭間にぽつんと建つこの宿は、2011年に「世界で最も古い歴史を持つ宿」としてギネスに認定され、こぞって外国人がやって来る。スタッフにも流暢に日本語を話すベトナム人女性がいた。笑顔が可愛らしく、着物がよくお似合いだ。

内風呂は古代檜を使用した大きな湯船——。

ひと足入れただけで、「ざばざば〜〜〜っ」と、お湯が溢れる音が浴場にこだまし、湧出量が豊富だとわかる。毎分1600リットルという湯量はドラム缶8本に相当する。新鮮な源泉は汗も疲れも凝りも流し出し、心もほぐれる。

とろりんとお湯が肌を転がる。水素イオン濃度（pH）9・1ゆえのまろやかな肌触り。

夕食もユニーク。秘湯の宿と聞くと、山の幸を中心とした素朴な食事を連想するが、「慶雲館」はしっかりとした会席料理だった。

心に残った3品を記そう。

まず、吸い物の「うすい豆とコンソメの冷製スープ」。細長いグラスに注がれたスープは、薄緑と琥珀色、透明の3層に分かれ、そこにライムと朱色のクコの実が入っていて、差し色効果もあって美しい。「ほ〜」と感嘆の声を漏らした後、細長いスプーンでかき混ぜてから食す。ひんやりとした野菜パフェのようだ。

煮物の「トマト釜　牛肉そぼろみそ煮込み」は、トマトを器にした逸品で、トマトの酸味と牛肉のコクがベストマッチ。

凌ぎの「どんぐり蕎麦」は深い茶色の麺で派手さはないが、つるんと口の中に入れて、嚙み締めると、香ばしさでぱっと花が咲いた。

蕎麦を食べる時はコクを求めて天ぷらを頼みがちだが、「どんぐり蕎麦」にはいらない。麺そのものに深みがあるから。七面山の修行僧がどんぐりを食したという史実から料理長が考案した蕎麦で、現在、奈良からどんぐりを取り寄せているという。

早川町と奈良のご縁、それについては、次回で語ろう。

（2024年11月掲載）

孝謙天皇ゆかりの温泉で「早川ジビエ」を堪能！

（山梨県・奈良田温泉）

山梨県南巨摩《みなみこま》郡早川町に建つ世界最古の宿、西山温泉「慶雲館」で目覚め、「ざぶ〜〜ん」と、お湯が溢れ出す音色と共に入浴。とろりんとするお湯に身体をあずける。

早川町を横断する早川の両脇には6地域で温泉が点在する。日本列島の裂け目である糸魚川―静岡構造線〝フォッサマグナ〟の断層が入り混じった複雑な地層は、多種多様な泉質を生み出した。

「慶雲館」の展望露天風呂から、深い渓谷の底を流れる早川を見下ろし、地中を走る〝フォッサマグナ〟ができあがる過程に想いを馳せると、ロマンを感じる。

早川町滞在2日目も、雲ひとつない快晴。

チェックアウト後、「慶雲館」53代目の川野健治郎社長が、自慢の源泉を開けてくださると、空に向かって大量の湯が勢いよく噴出した。くっきりと虹がかかり、青空によく映えた。

「慶雲館」からさらに奥に入ること20分、早川町の最北の奈良田集落に到着した。

天平時代の758年に、奈良の都から移られてきた第46代の女帝・孝謙天皇が8年間、この地に逗留した。

奈良田集落には孝謙天皇にまつわる「奈良田の七不思議」伝説が残る。塩がなく困っていた村人を見た孝謙天皇が祈願して、池から塩水が湧いた「塩の池」伝説、寒中に洗濯に苦労した村人のために、孝謙天皇が祈願すると温かいお湯が湧いた「洗濯池」伝説と、7つの伝説の中で2つが温泉と関わりがある。

加えて、奈良田地区は「焼畑」を伝承している。早川に水力発電所を建設し始めた昭和30年代まで、焼畑を続けていた。早川町歴史民俗資料館には、当時、焼畑作業をする際に寝泊まりした「アラク小屋」（国の重要有形民俗文化財に指定）が展示されていた。さらに、奈良田でしか使われてこなかった方言も残っており、民俗学的には大変興味深い地域だ。

先ほどの伝説にまつわる温泉だが、今も奈良田温泉として入浴できる。立ち寄り施設「女帝の湯」（ナトリウム―塩化物・炭酸水素塩泉）と、かつて宿だったが今は立ち寄り入浴のみの「白根館」（含硫黄―ナトリウム―塩化物泉）である。

「白根館」のお湯のファンは多い。硫黄の香りがして、うっすらと白く濁っている。そして身体を包み込むようなとろみもあるのだ。

お昼は、手打ち蕎麦と山の食で大人気の「おすくに」へ。一日一組限定、古民家一棟貸しの「月夜見山荘」も併設されている。

前菜はぎょうじゃにんにく、みず、すべりひゆ、わらび、あかざといった山菜が、酸味と醤油の味付けですっきり。

2品目の鹿肉のローストは赤身の朱色が美しい。「これ、ホントに鹿?」と、何度も疑ってしまうほど、肉厚なのにやわらかい。椀物は猪の肉が入っていたが、臭みがなく、上質な豚肉のよう。ジビエの概念を覆された。

これらは「早川ジビエ」と呼ばれ、「やまなしジビエ認証制度」による町営の処理加工施設が良い仕事をするのだと説明を受けた。箸置きがホンモノの立派な鹿の角だったのも、早川らしい。

2泊目は、小・中学校の校舎を利用し、早川町が運営する「ヴィラ雨畑」に宿泊した。

1泊9700円~というお手頃価格。メインダイニングの「ビストロ三角《みすみ》」では、イタリアンを得意とする三角芳久シェフが腕を振るう。

温泉地で連泊する場合、2泊目は、やや胃腸が疲れているものだが、三角シェフのすこぶる美味な生姜焼き定食は無理なく完食できた。朝食は、優しい風味のフレンチトーストと手作りロールパン。手頃な宿泊料金で、多すぎない量のおいしい食事は、女性のひとり客にフィットする。

温泉は単純硫黄冷鉱泉。両手でお湯をこすると、ちょっと軋《きし》む感じがして、これまでのとろとろな温泉とはずいぶん異なり興味深い。

今回の訪問で認識したのは、〝フォッサマグナ〟の恩恵にあずかり、早川には多種多様なお湯が満ち溢れているということ。

全国的に湧出量が減少傾向にある現在、早川の温泉で、お湯がどっさり流れ出る贅沢な、あの音色に耳を傾けて欲しい。

ちなみに早川のお土産は、早川ジビエである鹿のモモ肉や焼きしゃぶセット、山葡萄ワイン「恋紫《こいむらさき》」がおすすめだ。

（2024年12月掲載）

こよなく愛する由布院「ＳＴＡＹ玉の湯」

（大分県・由布院温泉）

私がこよなく愛する宿は大分県由布院温泉「由布院 玉の湯」。雑木林の中に離れ形式の客室がゆったりと佇む。小林秀雄や池波正太郎、大林宣彦らに愛された文化的な匂いがそこはかとなく漂い、それは暖炉のあるラウンジで特に感じる。棚には古い雑誌や良書が並び、蓄音機もある。「玉の湯」の好きなところを挙げたらきりがないが、名物「クレソンと鴨の鍋」も再訪の動機になる。

初めて食べるまで、クレソンはステーキ横のくたびれた姿しか見たことがなかった。

クレソン鍋は違う。

茶色の大きな鍋の横に置かれたざるの上に青々としたクレソンがこんもりとのっ

ていて、その脇に細長くカットされた白ネギ。別の皿に鴨肉としいたけ。どう見ても主役はクレソンである。

出汁が入っている鍋に鴨を入れて少し経ってから、クレソンを箸でわしっと摑み、どどっと入れる。綺麗な緑色は熱が入っても色あせず、活き活きとしている。

「シャキ、シャキ」

しっかりとした歯ごたえとほろ苦い瑞々しさ。まるで生命を食しているよう。歯ごたえはあるものの、それでも春先のクレソンは柔らかかった。私の中のクレソン観が変わった。

「戦前、川に自生していた洋セリは鶏の餌だったのですが、文芸評論家の山本健吉さんが『おいしい！』と言ってくださり、クレソンを見直すようになりました。辰巳芳子さんがクレソンを使った『いのちのスープ』を作ってくださり、クレソンが名物に定着しました」と、「玉の湯」会長の溝口薫平さんが教えてくれたのは、もう20年程前になる。

料理研究家の草分け的存在の辰巳芳子さんが考案した、クレソンを使った「いのちのスープ」は朝食でいただいたが、身体に染みわたった。滋味である——。

辰巳芳子さんの「いのちのスープ」は「いのちを全うする瞬間まで口にでき、人を支えることができる」という理念だから、身体にも心にも優しい。
「玉の湯」を愛する理由には、家業として宿の事業承継を全うし、地域のリーダー、ひいては宿泊産業のリーダーとして重責ある役割を担うことへの敬意も大きい。だから私は溝口薫平さんや薫平さんのお嬢さんで、現社長の桑野和泉さんに会いに行く。

旅は「人」に会いに宿に行くところがある。人の顔が見えない宿は味気ないし、日本の宿が豪華な設えだけの「箱」になってしまってはつまらない。「宿は人なり」なのである。

そんな「玉の湯」が新しい宿「ＳＴＡＹ玉の湯」を２０２４年1月にオープンさせた。

泊まった翌朝、目覚めて最初に目に入ってきたのは、青空にくっきりと浮かび上がる由布岳だった。雲ひとつない空によく映えていた。前夜、遅くに宿に入ったから、この光景は見えなかった。ベッドから眺める至福の時に笑みが浮かんだ。

ロビーに行くと、欧米人の観光客のカップルが朝食を摂っていた。

ロビーには由布院で評判のベーカリーのもちもちとしたパンが並び、辰巳芳子さんレシピのスープに果物、お菓子も少々。十分満足。

そもそも由布院温泉の町づくりは、昭和40年代に溝口薫平さんをはじめとする当時の若手旅館経営者たちが、ヨーロッパの温泉保養地を訪ねたことに始まる。この頃からの夢だった滞在型の宿を「ＳＴＡＹ玉の湯」で実現したのだそうだ。

素泊まりで1泊1万8０００円から。先述のような軽い朝食が付き、客室にはレンジ、共有のスペースにはランドリーなどもある。

特筆すべきは、医療・福祉の資格を持つスタッフもおり、すぐお隣は「ゆずの木クリニック」で、医師が近くにいてくれるという新しい宿のスタイルだ。超高齢化社会に向けて、誰に対しても安全で優しい宿という点でも非常に興味深い。

由布岳が望める客室以外にも、ロビーや浴場からも由布岳が眺められ、いわゆる絶景の宿でもある。

医療と福祉が充実しつつも、観光面も共存している温泉保養地としての宿なのだ。

（２０２５年1月掲載）

「男はつらいよ」のロケ地で食した「揖保乃糸《いぼのいと》」

（兵庫県・たつの市）

「西に行きましても東に行きましても、とかく土地土地のおあにいさん、おあねえさんにご厄介かけがちになる若造です」

昭和を代表する映画「男はつらいよ」の主役・車寅次郎を演じる渥美清の口上である。

私はこの映画に心酔しているが、特にシリーズ第17作「寅次郎夕焼け小焼け」が大好き。マドンナ役の芸者・ぼたんを好演する太地喜和子の声や所作が脳裏に焼きついている。

これまで機会に恵まれなかったが、今回、岡山での仕事の前泊で、舞台となった兵庫県たつの市をようやく訪ねることができた。

東京駅から東海道新幹線に乗車した。

姫路駅で下車し、JR山陽本線で竜野駅を目指した。ふと、車中で竜野駅でキャリーバッグを預けるサービスかロッカーの有無が気になった。デッキからたつの観光案内所に電話すると、そうしたサービスはなく、そもそも最寄り駅もJR姫新線本竜野駅だと教えてもらった。

土地勘のない場所への初訪問は事前準備が必要だ。旅慣れていることに胡坐《あぐら》をかいてしまった、猛省である。

下車駅を変更し、本竜野駅に降り立つと、夕焼け小焼けのメロディが鳴り、あちこちで「男はつらいよ」の展示を目にする。

1階のたつの観光案内所を訪ねると、電話に出た女性がにこやかに迎えてくれた。

「寅さんが好きで、東京から来ました。揖保乃糸の素麵もお昼に食べたいです」と、私が高揚気味に訪問意図を伝える。

「そうした方が全国から来られますよ。荷物を預かることができなくて、ごめんなさいね」と答えた。慣れた風に、「寅さんの撮影地を巡る」というA4 1枚にコンパクトにまとまった地図を持ってきて、見るべきポイントを教えてくれた。

「龍野は坂の町だから、キャリーバッグを持っているなら、まず龍野城までタクシーで行って、『そうめん処　霞亭』で食べて、下ってくるといいわ」と、今度は新たに大判の地図にルートを赤いペンでマークしてくれた。

「霞亭」は風情ある古民家だった。

注文してから揖保乃糸の素麺を茹でてくれる。「出汁は龍野の薄口醬油に昆布といりこと鯛のあらです」という店主の説明に誘われて、猛暑だったにもかかわらず、出汁も味わえるあったかい梅にゅうめんを注文。わかめの他に「玉英」という大玉の梅干しがたゆたっている。

まずは一口。温かい出汁は胃腸に染み入った。毎日冷たいものを食べて飲んで、胃腸が疲れていたことに、この時気づいた。梅を崩して、わかめと素麵を口に入れて、汁をごくん。梅とわかめはさっぱりと甘い。温かいつゆと梅干しは私を元気にしてくれた。薄口醬油は寅さんにも関わりが深い。

料理や店内の写真を撮っていると、店主が「どこから来はったんですか」と尋ねてきた。

またしても「寅さんが好きで……」と弾んで話すと、ご主人は優しく微笑みながら、「龍野へ、よう来はったな～」。

空になったグラスに冷たい麦茶を注ぎながら、「静かな町でしょう」と語る。店主のゆったりとした間合いに、ほっこりとする。

店をあとに、城下町の龍野を歩き始めた。武家屋敷や白壁の土蔵が今も残り、

「播磨の小京都」と呼ばれるわけがよくわかる。

するとー台の車が止まり、地元の女性が、「困っていることある？　熱中症に気を付けてね」と声をかけてくれた。またもや私は「寅さんが好きで……」と説明し、「気に留めていただき、ありがとうございます」と感謝を伝えた。みんな、親切だなぁ。

揖保川沿いを歩き、路地に入ると商家が並び、映画で見た光景が広がった。「寅さんがいた場所だ！」と、地図など見なくとも、映画の映像が浮かんできた。思わず、テーマソングを口ずさんだ。

ただラストシーンで寅さんが「東京はどっちだ」と叫んだ場所が見つからない。また地元の人に尋ねると、「ここですよ。ぼたんが洗濯していた水路はここ」と地図に赤く記してくれた。

向かうと、あった。ぼたんが「寅さ〜ん」と呼ぶ声が聞こえてきた。

私も龍野のおあにいさん、おあねえさんにご厄介になったおかげで、寅さんやぼたんに会えた。人情の映画を今も大事にする龍野は、まさに人情の町。みなみなさまにマーキングしてもらった地図が、良き思い出となった。


（書き下ろし）

バリアフリーの「親孝行温泉」

（兵庫県・赤穂温泉）

滝のような汗がいつまでも背中からしたたり落ちる。この日の酷暑の様子は、夕方のニュースでも大きく伝えられた。

猛暑日に、兵庫県たつの市から電車を乗り継いで、赤穂温泉「亀の井ホテル赤穂」を訪ねた。

高台にあるそのホテルからは瀬戸内海が一望できる。真っ青な空に、瀬戸内海東部の播磨灘に浮かぶ島々がよく映えて、爽快。

汗を流しに大浴場に行くと、60代くらいの女性が、90歳近いだろう高齢の母親の手を引いて大浴場を歩いていた。

浴場の床や湯船の中は滑る。まして温泉なら、泉質によってはツルンと転んでしまいがちだから、慎重に行動しているのだ。お母さんも一足、一足、ゆっくりと歩いている。

「母と娘だな」と思ったのは、２人の骨格が、あまりにも酷似していたからだ。

以前、漫画家さんに私の連載の挿絵を描いてもらったことがある。資料として、入浴姿も含めて私の旅先での写真を何枚か提供した。

するとその漫画家さんから、「バレエをしていましたか？　間違っていたらごめんなさい」と訊ねられた。

きょとんとした私に漫画家さんが「山崎さんはバレエをした人の骨格だったもので」と返してくれた。

骨格――。気にも留めたことがなかった。

その後、大浴場で「家族旅行かな」と思う判断基準は骨格となった。肩、背中、骨盤、足の長さ、頭の形など、裸になった時のフォルムが実によく似ている集団がいるのだ。

ここの露天風呂は、これぞ絶景。

空と海と温泉が一体になったかのような湯船の作り。

ぼんやりと目の前の青い景色を眺めながら、しばしお湯に浸かる。

ふと、先ほどの母と娘がやって来た。

娘から母に話しかける。

「外出するといってもさ、うちのマンションに来るぐらいでしょ。たまにはお母さんも温泉もいいかなと思って。いとこも誘って、みんなで賑やかで、いいでしょ」

母は、ゆっくりと頷き、嬉しそう。

この光景を私は「親孝行温泉」と呼ぶ。

「亀の井ホテル赤穂」が「親孝行温泉」のお客たちから愛されるのには理由がある。

ここはかつて「かんぽの宿」だった。

「かんぽの宿」は福利厚生を目的として作られた宿で、高齢者や身体の不自由な人も楽しめるように、館内は限りなくバリアフリーで、入浴補助機器なども設置されていた。

2022年に亀の井グループに入ったが、その後どうなったか気になっていた。「ホテル赤穂」に関しては、改装した館内の設えは洒落ているが、躯体そのものはバリアフリーのまま。大浴場には浴場専用の車いす（シャワーキャリー）や浴場用の4本足のステッキ、そして湯船に入る時にあると便利なステップ台も置いてあった。子供用にアンパンマンの絵柄の洗面器やいすも用意されている。3世代・4世代旅行の受け入れに適したサービスがそのまま残っていた。

ただ、「かんぽの宿」の頃と比べると宿泊単価は上がっているはずだ。それでも近隣の家族旅行には格好の宿として愛され続けているのだろう。

客室に戻り、冷蔵庫を開けると、赤穂名物「塩大福」が用意されていた。よく冷えている。

夕食前だが、ぱくっ。ぱくっ。しょっぱい、甘い、しょっぱい。汗を大量にかいた日だけに、冷たさと甘じょっぱさを身体が求めていた。

「塩大福」は生クリームも入っていて滑らかな味わい。

江戸時代から守られてきた手法で作られる「天塩」でお馴染みの赤穂の塩。これを用いたのが塩まんじゅう。売店ではいくつものお店の塩まんじゅうが競っていた。

湯上がりで、身体の芯がぽかぽかしている。血流がよくなり、全身がほぐれていた。これも海の塩による恩恵なのだ。

赤穂は温泉の湯量の減少に伴い、平成12年に地下1600メートルまで掘削し、掘り当てた新たな源泉を「赤穂温泉」と名付けた。

海沿いの温泉によく見られるナトリウム濃度の高いお湯で、入浴中に肌の上に塩の膜を張る。これが保温保湿効果をもたらすため、冷房で冷えすぎていた身体を整える。

（書き下ろし）

岡山のソウルフード「たくあんサラダロール」

（岡山県・湯郷温泉）

「パリッ」と、パッケージを開けた瞬間、バナナの匂いがぶわんとした。それもよく熟した糖度の高いバナナの香りだ。やや人工的なその甘さに誘われて、いてもたってもいられず、ロールパンを4口で食べ切った。

岡山名物「木村屋」のバナナクリームロール145円也。

講演で岡山に来ていた。会食が続いたこともあり、宿泊先の朝食はパスした。岡山の方からは「講演会場のすぐ近くにあるから、必ず木村屋のパンを食べて帰ってね」と言われていた。

チェックアウト後にその店を訪ねると、佇まいは町の普通のパン屋さん。モーニング400円と看板が出ており、地元に愛される店なのだなと、店の風貌で伝わってきた。

店員さんに「一番おいしいパンはどれですか？」と訊ねる。「あ、東京から来まして、岡山の方から勧められたんです」と事情も述べると、心得た風に、「これです！」と指さしたのがバナナクリームロール。

10センチほどのロールパンで、パッケージにはバナナのイラストが描かれている。㊍OKAYAMA KIMURAYAと表記されていたから、銀座の木村屋とは異なるようだ。

私が他の品を眺めていると、20代くらいのガタイのいい青年が2人入ってきて、バナナクリームロールを7つ、たくあんサラダロールなるものも購入した。たくあん？　サラダロール？　想像がつかない。未知なる世界である。私もバナナクリームに加え、たくあんサラダも購入。アイスコーヒーもセットにした。

この日もとにかく猛暑。エアコンの効いた部屋にいても汗ばむし、炎天下では日傘をさしても日差しが貫通しているのか、ほんのり日焼けしていた。

バナナクリームの甘さが、暑さに染みた。

岡山の人にとって、食事のパンというより、ややスナックに近いのかなと、青年2人の大人買いの光景を思い起こす。

さて、たくあんサラダロールである。

頬張るとたくあんを噛む音が軽快に鳴る。

「コリ、コリ、コリッ」……た、楽しい！

その正体は刻んだたくあん漬けをマヨネーズで和えてサンドしたもの。しょっぱいロールパンは初めてではない。生ハムとクリームチーズが入ったものも、しょっぱくて美味だったが、たくあんはあくまで和の塩っ気で、どこか懐かしい。おばあちゃんが漬けたたくあんに似ていたからかなぁ。異様なほどに、ほっこりとした。

やはり4口でロールパンを完食。

異文化体験で食欲が刺激され、私は福神漬けサラダロールカレー味も追加で購入。カレーまみれの福神漬けがサンドされたパンは、もはやスナック感覚であった。

さて、岡山駅へ向かう。駅から無料シャトルバスで1時間半かけて湯郷温泉へと急ぐ。

友人の女将に会うため「ゆのごう美春閣《びしゅんかく》」に宿泊する。

夕食に女将が顔を出してくれて、食材を丁寧に説明してくれた。ローカル色の豊かなロールパンとは対極のおいしさである。

名物「認定千屋牛《ちやぎゅう》のすき焼き」をいただきながら、「和牛のルーツは、岡山の新見市の千屋牛なんですよ」と教えてもらう。最も記憶に残っているのが、岡山産の白桃を食べて、瀬戸内海で大事に育てられたという桃鯛の刺身だ。もっちりした食感で、脂身が少なくさっぱりとした味わい。

夕食後、大浴場へ向かう通路に面した居酒屋にあった、津山名物の「ホルモン炒め」、牛肉の骨のまわりの肉（そずり）の「そずりラーメン」なるメニューが気になったが、さすがに満腹でもう入らない。うーん、残念。

岡山って、美味のバリエーションが豊かだなぁ！

ちなみに、この大浴場への通路は「昭和レトロギャラリー」として、昭和の町中で見かけた懐かしい看板の数々が展示されている。

2025年は昭和100年である。昭和を振り返ることが増えるだろう。

大浴場で、アルカリ性単純温泉のやわらかな湯に浸かりながら、岡山のおいしさを思い出した。

旅館に泊まると、その土地の魅力や雰囲気を知ることができる。

宿は地域のショールームとして、興味の扉を開けてくれる場所だから。

（書き下ろし）

あとがき

本書の第1章から第4章は昨年12月から今年にかけて書き下ろし、第5章は２０２３年1月号から２０２５年1月号までの「味の手帖」連載原稿を元に加筆修正を行った。

２０２３年に書いた原稿を読み直すと、コロナという文字が躍っていて、コロナに振り回されていた当時を思い出した。ところがコロナは今やすっかり鳴りを潜め、ずいぶん前の出来事だったような錯覚に陥る。

私は、読者を旅に誘うためのエッセイを上梓する一方で、観光産業にも深く関わっており、地域や宿泊業のみなさんと共にお客さんを受け入れるための環境整備も大切な仕事だ。

コロナが蔓延した時期から、ほんの数年しか経っていないのに、昨今の急激な変化には目を丸くする。

巷《ちまた》では外国人観光客が行き交う。令和6年度の訪日客は３０００万人を超え、8兆円強が消費され、外国人が積極的に地方を訪ねるようになっている。

日本人が求める旅のスタイルも大きく変化している。

そのうちのひとつが、「ひとり旅」のマーケットの成熟だろう。

昨年刊行した『ひとり温泉　おいしいごはん』（河出文庫）で「ひとり温泉は市民権を得た」と高らかに綴ったが、本書執筆にあたり、あらためて宿のみなさんにひとり客の受け入れ状況を問い合わせてみると、予想を上回る好反応が届いた。

私のルーツの温泉地で、新潟県最古の湯として知られる秘湯の宿からは「昨年リノベーションした棟にひとり用の客室を設けましたが、その棟で一番人気。職人さんのお力を借り、趣《おもむき》を残しつつも、現代にあわせた内装が大変好評です」という嬉しい連絡が。

「うちは15室中、5室がシングルルームです。ひとり旅の需要はコロナ禍以降、特に目覚ましいです。ネットの予約ではシングルルームから先に埋まっていきますし、連泊の方が多いのも特徴です」とは、こちらも山形きっての秘湯の宿で、湯守をしている女将からのメッセージ。

さらに「老若男女、気兼ねなく、おひとりで旅を楽しんでいらっしゃる姿に、私も明るい気持ちになります」という言葉には、旅する方への理解と応援する気持ちが感じられる。

登録有形文化財に指定された1泊2食付きの格式高い温泉旅館では、シングルルームはないだろうし、ひとり客の受け入れは難しいだろうと思っていたが、むしろオーナーは「うちは以前からお受けしていますが、かつてはひとり客を怪しんだ時期も確かにありました。ですが、今はみなさん、もうご立派な方ばかりで。ひとりのお客さんがすごく増えましたね」と、時代の変化を温かな眼差しで語ってくれた。

また岐阜県の温泉宿のオーナーからは、こんな考えも聞いた。

「1泊2食の宿から、食事を外して、滞在型の宿に改修しました。従来のスタイルでは旅に制限があります、温泉を、旅を、十分に楽しんでいただきたいので」と。

温泉旅館の料金形態はルームチャージではないから、1部屋に大人数泊まる方が宿側としては収益が上がる。それでも時代の流れを受け入れ、宿のみなさんが「ひとり温泉」に理解を示してくれるならば、「ひとり温泉」の人気がいっそう加速するのは間違いない。今後、大人の旅のひとつの在り方として、「ひとり温泉」は定着し、もしかしたら旅の主流になっていくかもしれない。そんな期待を私は抱いている。

読者のみなさん、どうぞお出かけください。そして豊かな時間を持ってください。

※　※　※

『温泉ごはん　旅はおいしい!』『ひとり温泉　おいしいごはん』に続き、本書を担当してくださった河出書房新社の野田実希子さんとは気が合う。いつも笑いあい、言葉にせずともこちらの意図を察してくれる。常に深い編集者愛をもって伴走してくださることに感謝します。カバーイラストは今回もイラストレーターのチチさんに描いていただきました。「ひとり温泉」を自由闊達《かったつ》に愉しむ様子を表現してくださり、とっても嬉しい。

本書の制作に関わる全てのみなさまと、応援してくださる読者のみなさまに篤く感謝を申し上げます。

2025年　春を目の前にして　山崎まゆみ

＊本書は書き下ろし原稿と、『味の手帖』（株式会社味の手帖）に連載中の「おいしい♨（温泉）ひとり旅」の２０２３年１月～２０２５年１月に掲載された原稿の一部を改稿したもの、および、「味のカレンダー」（株式会社味の手帖）の２０１８年～２０２４年度版に掲載された原稿の一部を改稿し、コラムとして収録したもので構成されています。

・協力　株式会社味の手帖
・本文デザイン＆イラスト　目黒一枝（トンプウ）

おいしいひとり温泉《おんせん》はやめられない

二〇二五年 四 月二〇日 初版発行
二〇二五年 六 月三〇日 3刷発行

著　者　山崎《やまざき》まゆみ
発行者　小野寺優
発行所　株式会社河出書房新社
〒一六二−八五四四
東京都新宿区東五軒町二−一三
電話〇三−三四〇四−八六一一（編集）
〇三−三四〇四−一二〇一（営業）
https://www.kawade.co.jp/

ロゴ・表紙デザイン　粟津潔
本文フォーマット　佐々木暁
本文組版　株式会社キャップス
印刷・製本　中央精版印刷株式会社

Printed in Japan ISBN978-4-309-42178-0

山崎まゆみの好評文庫

温泉ごはん

いい温泉にはおいしいモノあり。1000か所以上の温泉を訪ねた著者が名湯湧く地で味わった絶品料理や名物の数々と、出会った人々との温かな交流を綴った、ぬくぬくエッセイ。読めば温泉に行きたくなる！

ひとり温泉　おいしいごはん

身軽で楽しい「ひとり温泉」旅に出かけてみませんか？　名物料理を堪能し、地元の方々と語らい、そして自分を解放する——。そんな魅惑の「ひとり温泉」を満喫するためのノウハウと素敵な旅エッセイが満載！